# 90 Grad
# Abenteuer Ostsee

Ein Segelbericht

Harald Zerrmann

Wer immer nur funktioniert, entzieht sich dem
Abenteuer des Lebens.

Armin Mueller-Stahl

HINWEISE:

Die in dem Buch vorhandenen Karten und dargestellten Hafensituationen sind nicht zur Navigation. Vorhandene Pläne dienen nur zur ersten Orientierung und ersetzen deshalb keine offiziellen Seekarten oder Hafenhandbücher. Dem Leser wird daher dringend emfpohlen, auf seinen Törns die entsprechenden und aktuellen Schifffahrtskarten für das jeweilige Gebiet mitzuführen. Zusätzlich sollte beachtet werden, dass es erhebliche Abweichungen zwischen den einzelnen Positionen von Riffen, Felsen, ganzer Inseln oder den Tiefenangaben auf den dargestellten Karten geben kann.
Alle Gegebenheiten und etwaiige Schilderungen basieren auf dem Jahr 2017 und können zum heutigen Zeitpunkt differieren.
Weder Autor noch Verlag übernehmen für eventuelle Irrtümer die Verantwortung.

Bibliografische Informationen der Deutschen Nationalbibliothek:
Die Deutsche Nationalbibliothek verzeichnet diese Publikation
in der Deutschen Nationalbibliothek, detaillierte bibliografische
Daten sind im Internet über http://dnb.dnb.de abrufbar.

1. Auflage/Februar 2019/Berlin
© Harald Zerrmann
Herstellung und Verlag
BoD™ - Books on Demand
In den Tarpen 42
D - 22848 Norderstedt
Printed in Germany
ISBN 978-3-749-40682-1

# INHALT:

Erholung sieht heutzutage so aus: Computer einschalten, im Internet surfen, ein Urlaubsangebot wählen, buchen und zur richtigen Zeit am Flughafen stehen. Eine Reise mit einem Segelboot ist anders.

Der Sommer 2017 sollte so eine Auszeit werden. Kein nur am Strand liegen, kein All-Inclusive-Buffet, kein jeder Tag ist gleich Modus. Nein, es wurden zwei Monate voller neuer Eindrücke, Erlebnisse und Herausforderungen, die es zu meistern galt.

Während andere ihre sommerliche Schonzeit von der Berufswelt in Form von Untätigkeit in warmen Ländern genießen, sollten wir Segel wechseln, Schiffsreparaturen vornehmen und bei schlechtem Wetter, vielleicht nicht immer gut gelaunt und durchnässt, in Häfen einfahren. Doch auch bei all den Herausforderungen und Strapazen, die uns eine Segelreise abverlangt, käme ein Tausch unseres schwimmenden Gefährtes gegen eine Strandliege nie in Betracht.

Ich wünsche viel Freude beim Lesen unseres Abenteuers Ostsee.

Harald Zerrmann

Das Ziel dieser Reise im Sommer 2017 war von Anfang an klar. Dieser Segeltörn sollte das Baltikum mit seinen unzähligen Inseln und den Metropolen Danzig, Riga, Tallinn, Helsinki und Stockholm umfassen. Als ich mich im Feburar 2017 das erste Mal mit der Törnplanung beschäftigte, merkte ich schnell, dass dieses Unterfangen nicht ganz so einfach werden würde. Da ich vorab eine überaus große Resonanz in meinem Freundeskreis bekommen hatte, konnte ich auf dessen Unterstützung bei diesem Abenteuer zählen. Ein Großteil meiner Freunde besteht jedoch aus ehemaligen Kommilitonen* und WG-Freunden, die mittlerweile nicht mehr in den Genuss der langen Semesterferien kommen. Klartext: für die geplante Route kamen voraussichtlich 3.000 Seemeilen zusammmen. Geschätzte Törndauer waren zehn Wochen. Für einen normalen Jahresurlaub im Angestelltenverhältnis eventuell ein oder zwei Tage zu viel. Vielleicht sollte ich mal bei dem einen oder anderen Vorgesetzten anrufen, dann hätten wir etwas mehr Luft nach oben. Eine gute Freundschaft müsste so etwas aushalten, hoffte ich insgeheim und schlug diesen Lösungsweg nur bei mir ein. Die Problemstellung Zeit war also bekannt. Ein Großteil der Crew konnte sich in einem Zeitfenster von maximal zwei bis drei Wochen auf dem Boot einfinden. Ich veranschlagte bei der Planung 60 Seemeilen am Tag und kam so, bei 3.000 Seemeilen, auf 50 Tage, hinzu rechnete ich noch 10 Puffertage für schlechtes Wetter und die Besichtigung von Städten mit ein.
In den Hauptstädten plante ich für den Crewwechsel

*zur besseren Lesbarkeit wird im weiteren Buchverlauf nur die männliche Form verwendet.

beziehungsweise die Aufnahme meiner Freunde im Schnitt zwei Tage ein. Meine Erfahrungen bei dem letzten Törn hatten mir gezeigt, dass wir mit einer guten Crew, entsprechendem Wind und Wetter, auch einmal am Stück 100 Seemeilen pro Tag bewältigen können. Sportlich, aber machbar, wenn die Tage im Sommer noch länger sind und die Abende in der Hafenbar kürzer ausfallen. In meinem Segelverein, dem BTB in Berlin, wird man mir später noch sagen, dass sei ein wenig naiv. Die Erfahrungen aus dem letzten Jahr hatten uns immer wieder gezeigt, dass die Hafenbars eher unsere Feinde sind als das Wetter. Anfangs beschäftigte ich mich nicht mit den Häfen, dem Tiefgang, Ansteuerung und möglichen Liegeplätzen. Auch die verschiedenen Sperrgebiete hatte ich noch nicht auf dem Schirm. Die 12-Seemeilen-Zone um Russland war vorerst das Einzige, das bei mir im Hinterkopf aufblinkte. In einem Anflug von jugendlichem Leichtsinn legte ich anfangs zuerst nur eine Exceltabelle für Streckenlänge und Häfen sowie Anlegemöglichkeiten an. Zusätzlich zeichnete ich per Hand und anschließend digital eine Seekarte. Mit Hilfe dieser Karte, wählte ich nun die Häfen aus, die für uns in Frage kommen würden. Die Anlegestellen glich ich mit Online- und Seekarten in Papierform ab, um bei Stresssituation sicher sein zu können, dass alle Angaben genau stimmten.

Auch wenn ich viel Zeit in die Planung investiert hatte, sollte jedem Segler klar sein, dass das Wetter eine Komponente ist, die nicht berechenbar ist. Der Sommer 2017 in der Ostsee stellte hierfür eine Paradebeispiel dar, wie wir schon bald erfahren sollten.

Das Ziel des Sommers war die Umrundung der Ostsee innerhalb von zwei Monaten. Starthafen war Swinemünde.

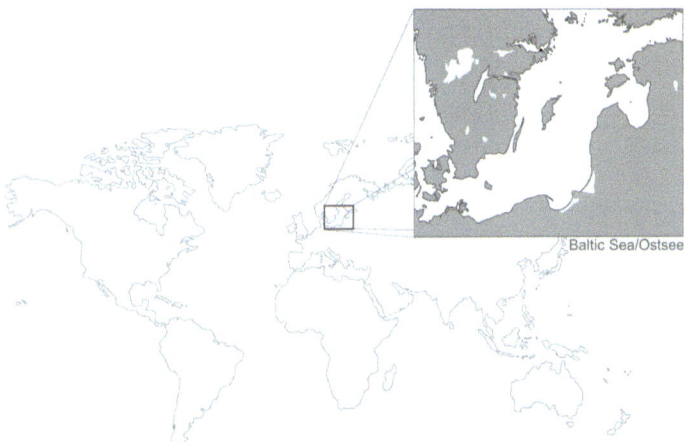

Erste Planungen anhand von Ostsee-Kartenmaterial. 412.560 km² Wasser!

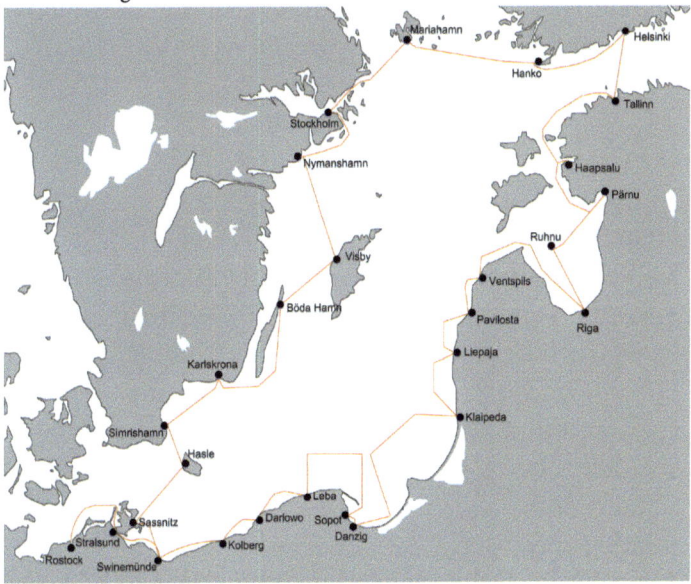

Die vorläufige Segelroute im Sommer 2017.

Vorerst waren die wichtigsten Häfen wie Danzig, Riga und Helsinki fest eingeplant. Hier sollte in erster Linie der Crewwechsel stattfinden. Natürlich ist der Weg das Ziel, einige Häfen sollten sich daher aus den jeweiligen Gegebenheiten vor Ort ergeben. Sicher war vorab auch die Umfahrung der 12-Seemeilen-Zone des russischen Hoheitsgewässers um Kaliningrad.

## KAPITEL 3    DIE CREW

Da die räumlichen Gegebenheiten einer fast 50 Jahre alten 36-Fuß-Segelyacht begrenzt sind, beschloss ich neben mir maximal vier weitere Personen gleichzeitig mitzunehmen, darunter ehemalige Kommilitonen, alte WG-Mitbewohner und meine Freundin. Bereits sechs Monate vor Reiseantritt kontaktierte ich die meisten Mitreisenden.

Die Crew bestand wie folgt aus:

| | |
|---|---|
| Freundin: | Fux |
| Ex-Kommilitone: | Muräne |
| Freundin von Muräne: | Kristina |
| Ex-WG-Mitbewohner: | Florent |
| Freund aus Paris: | Arien |
| Ex-Kommilitonin: | Linda |
| Schulfreund: | Marco |
| Schulfreund: | Ingo |
| Schulfreund: | Josef |
| Freundin aus Österreich: | Birgit |

Um dieser Reise noch ein Markenzeichen zu verleihen, beschloss ich dem ganzen Törn einen passenden Namen zu geben. Schnell beschloss ich ihn „3000 miles / 60 days" mit dem Zusatz „Baltic Sea Race" zu taufen. Nachdem der endgültige Entwurf für Logo und Schriftzug stand, gab ich die eigens entworfenen T-Shirts in Auftrag. Die Shirts sollten eine Erinnerung und eine Art Leistungsbeschreibung zugleich sein.

# BALTIC SEA RACE

# TEAM 2017

## 3000 Miles / 60 Days

T-Shirt-Logo.

Unser schwimmender Untersatz war ein zehn Tonnen schwerer und 36 Fuß langer Yawl. Dieser hatte seinen ersten Kontakt mit dem feuchten Element 1970. Die Besonderheit an diesem Boot ist, dass es sich um einen Eigenbau aus der ehemaligen DDR handelt. Der gemäßigte Langkieler mit einem Tiefgang von 1,85 Metern hört auf den Namen Old Smuggler. Als ich das Boot im Mai 2016 von den Vorbesitzern erwarb, war es mit allen Segeln und dem notwendigem Werkzeug und Zubehör ausgestattet. Die Vorbesitzer hatten dem Old Smuggler noch einen OM636 Unimog-Motor mit 38 Pferdestärken spendiert. Komplementiert habe ich unser schwimmendes Zuhause noch mit einem neuen UKW-Funk-Gerät, einer neuen AGM-Batterie (180AH) und einer Notbatterie (36AH) für Funk und Bilgenpumpe. Zusätzlich verbaute ich noch einen Kühlschrank unter Deck sowie einen ebenfalls neuen Plotter in der Pflicht. Einzigartig ist die von uns verbaute Sauna in der Steuerbordhundekoje. Hierfür entfernten wir die alten Einbauten und fertigten nach meinem Aufmass eine Sauna an, die von drei Personen gleichzeitig genutzt werden kann. Der Elektro-Saunaofen stammt noch aus meiner Studentenzeit und hat mit dem kleinen Saunaraum keinerlei Probleme.

Hierzu ein kleiner Rückblick aus meiner Studienzeit an der BTU in Cottbus: Nachdem ich 2012 von München für mein Masterstudium in ein Studentenwohnheim nach Cottbus gezogen war, baute ich in mein Wohnheimzimmer eine kleine Sauna ein. Da ich die Sauna natürlich nicht alleine im Wohnheim nutzte, erhielt ich zu dieser Zeit den Spitznamen SaunaBaron.

# OLD SMUGGLER

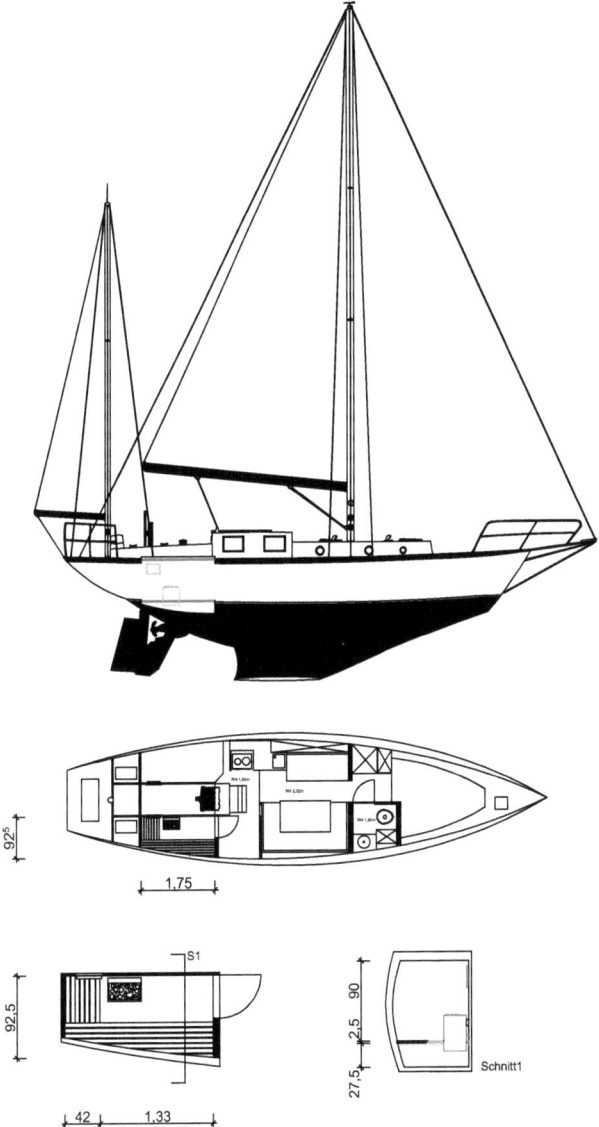

Auszug aus der Planung der Sauna.

Bevor die Reise von Berlin nach Swinemünde beginnen konnte, musste neben den üblichen Erledigungen wie Sprit bunkern sowie Lebensmittel und Getränke einkaufen, auch der Mast gelegt werden. Am Freitag den 23. Juni 2017 ging es nachmittags mit meiner Freundin zu einem befreundetem Segelverein, welcher über einen entsprechendem Kran für das Mastlegen verfügt. An diesem Nachmittag erreichte jedoch ein starkes Unwetter Berlin, das uns beim Mastlegen eiskalt erwischte. Kräftiger Regen und Starkwind verhinderten unsere Bemühungen, den Old Smuggler brückendurchfahrtstauglich zu machen und zwangen uns stattdessen zu einer unfreiwilligen ersten Pause.

Nach gefühlten zehn Stunden ließen der Platzregen und der Wind nach und wir konnten das Mastlegen gegen 19:00 Uhr abschließen. Situationsbedingt beschlossen wir unverzüglich die erste Schleuse Berlin-Mühlendamm anzusteuern, um dann in Berlin-Moabit zu nächtigen. Doch die Bedingungen innerhalb Berlins, sollten nicht die besten sein. Gegen 23:00 Uhr erreichten wir den Anlegeplatz für Sportboote in Moabit. Dort war zu unserem Bedauern nur noch ein sehr kleiner Liegeplatz, zwischen zwei anderen Booten, frei. Die Strömung der Spree erschwerte das Anlegemanöver in die ohnehin sehr kleine Lücke. Doch plötzlich kam alles anders.

Die Vorbesitzer hatten eine akustische Warnung eingebaut, die ertönt sobald der Motor sich überhitzen könnte. Dieser lautstarke monotone Warnton, der plötzlich erklang, machte das ganze Anlegemanöver mit einem Schlag zunichte.

Da noch genug Zeit war das Anlegemanöver abzubrechen, schaltete ich den Motor sofort aus und steuerte mit der Restgeschwindigkeit in die Fahrrinne. Um Mitternacht sollte der Fahrverkehr überschaubar sein. Ich übergab Fux das Steuerrad und öffnete die Motorraumklappe beim Niedergang. Schnell erkannte ich, dass sich eine Schlauchschelle vom internen Kühlkreislauf gelöst hatte. Nach ungefähr 15 Minuten Treibfahrt durch Moabit konnten wir dann einen zweiten Versuch wagen. Dachten wir zumindest. Doch es gab nun auch noch einen Kurzschluss, der den Anlasser betraf. Da dieser Kurzschluss sich nicht in fünf Minuten beheben lassen würde, entschieden wir uns dafür, das Boot stadtauswärts treiben zu lassen. Den Umständen entsprechend ergriffen wir die geeigneten Maßnahmen, indem wir das Boot zusätzlich ausfenderten. Das Boot trieb derweil, mit Hilfe der Strömung, langsam an ein Restaurantschiff und gab uns somit die Möglichkeit anzulegen. Aus dem zuvor gefassten Plan, meine Lieblingskneipe Zaffke in Moabit aufzusuchen, wurde nicht mehr viel, denn die Fehlersuche dauerte insgesamt über eine Stunde. Eine gute Sache hatte das Ganze aber: In solchen Momenten lernt man eine nervenstarke Crew wirklich zu schätzen.

Da wir jetzt nicht mehr hilflos im Kanal trieben, konnte die Sache entspannter angegangen und schließlich auch gelöst werden. Aus dem Bier in meiner Stammkneipe wurde letztendlich nur ein Bordbier. Der Zeiger der Uhr lag mittlerweile bei 90 Grad, also 3:00 Uhr nachts. Wir legten nach erfolgreicher Reparatur vom Restaurantschiff ab und steuerten eine zweite, nicht so attraktive Anlegestelle in Moabit an. Am nächsten Morgen sollte es „netten", unerwarteten Besuch geben.

Eigentlich hatte ein Freund von uns vorgehabt, morgens Kaffee und frische Brötchen vorbei zu bringen. Um 8:00 Uhr klopfte es schließlich mehrfach zuerst leiser, dann zunehmend lauter. Der gewünschte Kaffee sollte sehr teuer werden.

Mit noch schmutzigen Händen der letzten Nacht, kletterte ich verschlafen an Deck. An Backbord grüßte mich jedoch nicht unser Kaffee-Service, sondern ein Polizist von seinem schwimmenden Einsatzgefährt. Ich befürchtete wegen des gestrigen Notanlegemanövers am Hafenrestaurant eine verbale Nachhilfestunde zu bekommen. Weit gefehlt. Die Problematik war, wie ich mein Boot an der Sportbootanlegestelle befestigt hatte. Mir war der Fehler sogar bewusst, doch irgendwie war die gestrige Nacht nicht der beste Wegbegleiter zum vorschriftsmäßigen Anlegen. Paragraph 56, 57 OwiG benennt die Sachlage wie folgt: „Als verantwortlicher Schiffsführer handeln Sie ordnungswidrig, in dem Sie ein angeordnetes Verbot über das Verhalten beim Stilllegen nicht eingehalten oder sichergestellt haben."
Ja, ich hatte mein sogenanntes Sportfahrzeug an einem nicht dafür vorgesehenen Festmacher befestigt. Ich räumte diesen Fehler dem zuständigen Polizeihauptkommissar sofort ein. Zugleich hoffte ich, dass meine sofortige Einsicht, die ich mit dem Geschehen aus der voraus gegangenen Nacht untermalte, zu einer bloßen mündlichen Verwarnung führen würde. Falsch gehofft. Außerdem übermittelte ich dem Polizisten die Botschaft, dass ein Bußgeldbescheid zeitlich für mich ungünstig wäre, da ich die nächsten 10 Wochen auf See unterwegs sein würde. Den von dem Ordnungsbeamten aufgerufenen Betrag in Höhe von 55 Euro hielt ich aus meiner

Sicht für völlig übertrieben (jedoch standen im Bußgeld-bescheid am Ende nur 35 Euro). Meine Einschätzung, dass 55 Euro für eine falsche Bootsbefestigung unange-messen sei, teilte auch der Kommissar mit dem verbalen Zusatz, dass „Bußgelder im Bereich des Wassersports immer höher angesetzt seien, da dieser Sport ja eine ge-wisses finanzielles Grundkapital voraussetzt". Mit einer nur mündlichen Verwarnung war also definitiv nicht zu rechnen. Lediglich eine verspätete Anzeigenaufnahme sicherte mir der Herr von der Wasserschutzpolizei zu. Nachdem ich meine Schiffsdokumente sowie meinen Führerschein ausgehändigt hatte und die notwendigen Daten notiert waren, wünschte uns die Polizei noch eine schöne Weiterreise und fuhr mit ihrer Patroullie fort.

Leider kein Kaffeeservice, Polizeibesuch in Berlin.

Auch meine weibliche Begleitung war leicht irritiert über das Geschehen. Was jetzt zur Aufmunterung bei-tragen hätte können, war der Gedanke an den frisch aufgebrühten Kaffee. Soweit so schlecht, große müde Fuxaugen sahen mich an. Auch ich war in einem Sta-dium das mir vorher nur von Uni-Vorlesungen an Frei-tagnachmittagen her bekannt war: „müde" und nicht mehr als Vakuum im Kopf. Nur lag es diesmal nicht an der ausgelassenen Feierstimmung in der Nacht zuvor.

Egal, Ablegen und auf zur nächsten Schleuse in Berlin-Spandau. Endlich verlief es reibungslos. Das Frühstück wurde im Wartebereich der Schleuse zu sich genommen und unser Tagesziel, Marienwerder, ohne weitere Zwischenfälle erreicht. Am kommenden Tag sollte es erneut zu einer kurzen Kontaktaufnahme mit den Kollegen der Wasseraufsicht kommen.

Am zweiten Tag hatten wir bereits das älteste noch arbeitende Schiffshebewerk in Niederfinow passiert. Als wir die letzte Schleuse Hohensaaten erreichten, war Stettin schon zum Greifen nahe. Angesichts unseres Tiefgangs legten wir nicht an dem für Sportfahrzeuge ausgeschilderten Warteplatz an, sondern im Wartebereich der Berufsschifffahrt. Außer uns war kein anderes Wasserfahrzeug in Sicht und wir hatten bereits die Information vom Schleusenwart, dass die Schleuse in wenigen Minuten öffnen würde. Plötzlich war wieder ein für uns bereits vertrautes Wasserfahrzeug der Polizei neben uns. Bevor ich den Grund für unser Anlegen im Wartebereich der Berufsschifffahrt aussprechen konnte, teilte mir der Wasserschutzbeamte kurzangebunden mit: „Hier nur kurzfristig liegen". Danach bugsierte er seinen Untersatz absichtlich auf eine gegenüberliegende Sandbank im Schilf. Der Ordnungshüter sollte später unser Schleuseneinfahrtskollege werden. Nach dieser letzten Schleuse, ging es ohne weitere Zwischenfälle, jedoch unter Regen, weiter nach Stettin. Wir erreichten Stettin gegen 20:00 Uhr und steuerten den Yachthafen bei Dunczyca an. Da sich eine Übermacht an Segelbooten aus Schweden in dem Yachthafen eingerichtet hatte und somit kein freier Liegeplatz mehr für uns zur Verfügung stand, beschlossen wir erstmal den kostenlosen Stadtliegeplatz in Stettin zu nutzen.

Da aufgrund der Brückenhöhe nur Motorboote oder Segelboote mit gelegtem Mast diesen Anlaufen konnten, war ein freier Liegeplatz am Stadtsteg kein Problem. Den Abend ließen wir im Brauereikeller Wystak Brewery des Rathauses ausklingen. Am nächsten Morgen bewegten wir uns auf dem Landweg zurück zum Yachtclub Dunczyca. Tatsächlich war nur ein einziger Platz frei geworden, denn die meisten Segler hielt es aufgrund der Schlechtwetterlage im Hafen. Nachdem der freie Liegeplatz geklärt war, durfte sich der Old Smuggler auf einen Platz in der Marina freuen. Am Nachmittag klarte der Himmel schließlich auf und wir steuerten einen nahegelegenen Kran an, um den Mast zu stellen. Trotz mittlerer Böen gelang Fux und mir diese Aufgabe recht unproblematisch und zügig.

Der erste Schritt für unser kleines Abenteuer war also geglückt. Es ist einfach ein gutes Gefühl, wenn der Mast wieder an die dafür vorgesehene Stelle verfrachtet wird. Einem guten Abendessen im Stettin stand nichts mehr im Weg, trotz erneut ziemlich stark einsetzendem Regen.

Nachdem die Masten gestellt wurden, Liegeplatz in Stettin.

## Kapitel 7    Stettin - Swinemünde

Am 27. Juli brachen wir früh morgens in Stettin auf, unser nächstes Ziel war Swinemünde. Wir durchquerten teils unter Segeln und teils unter Maschine das Stettiner Haff und erreichten gegen 19:00 Uhr den Yachthafen in Swinemünde. Die Vorfreude, dass wir morgen schon weiter nach Stralsund segeln würden, stand uns ins Gesicht geschrieben. In einem uns empfohlenen Restaurant Namens „Tasty" konnten wir noch bis spät abends gut essen und den morgigen Törn besprechen.

## Kapital 8    Swinemünde – Stralsund 60SM

Nachdem wir gegen 9:00 Uhr den Hafen verlassen und die Segel gesetzt hatten, war die Windsituation eher ernüchternd. Dementsprechend entschieden wir uns die Segel wieder einzuholen und unter Motor Stralsund anzusteuern. Grund für den Zeitdruck war die letzte Brückenöffnung der Ziegelgrabenbrücke. Für meine weibliche Begleitung war dies der erste Tag auf See unter Segel. Dass wir mehr unter Motor unterwegs waren als unter Segeln, fand sie schade aber es half nichts. Von meiner Besatzung wurden mir zwischenzeitlich Informationen über Kollisionen mit verirrten Buckelwalen und Segelbooten im Greifswalder Bodden zugespielt. Die eigentliche Schwierigkeit in diesem Gewässer seien jedoch nicht die Wale, versicherte ich Fux. Vielmehr sollten wir darauf achten, uns an die Fahrrinnen zu halten. Ich scherzte zudem, dass Buckelwale bereits Winterschlaf hielten und beobachtete gleichzeitig die Regenfront, die sich uns näherte.

Bis dahin war es ein sonniger und ruhiger Tag gewesen. Doch plötzlich traf uns ein Gewitter mit kräftigen Böen, nach viel Regen folgte eine Windstärke von 5 Beaufort. Obwohl wir nur noch wenige Seemeilen vor uns hatten, entschieden wir uns, den Wind trotzdem noch zu nutzen. Ich erklärte dem Seefux, dass der Wind fast von vorne komme und wir somit mit etwas Schräglage zu rechnen hätten. Da meine Vorfreude auf das Segeln so groß war, ging meine Empathie für den Segelneuling kurzfristig über Bord. Der Fux steuerte den Old Smuggler in den Wind, während ich ohne Reff das Großsegel und anschließend die Fock hoch zog. Auf das Besansegel

Sportlich Unterwegs auf dem Greifswalder Bodden.

verzichteten wir. Als ich das Steuer übernahm und Fux aufgrund der Untiefen den Plotter überließ, legte sich der alte Bursche nach Backbord, dass es eine Freude war. Zuerst nur für den Skipper, denn die weibliche Crew kannte diesen Zustand noch nicht. Merke, besser vorher einweisen. Trotz recht ordentlichem Wind waren wir natürlich nicht besonders schnell, mit 5 bis 6 Knoten näherten wir uns der Ziegelgrabenbrücke vor Stralsund.

Der von mir neu verbaute Plotter wurde an diesem Tag das erste mal richtig in Betrieb genommen, die Werkseinstellung der Tiefenangaben waren daher noch in Fuß dargestellt. An diesen Umstand erinnerten wir uns aber schnell, als wir mit dem Old Smuggler kurz darauf Bodenproben genommen hatten.

Wenig später erreichten wir die Brücke von Stralsund, sogar noch 50 Minuten vor der Öffnung. Durchnässt, aber gut gelaunt von dem kleinen Abenteuer im Greifswalder Bodden. Der Wind hatte noch immer nicht nachgelassen und somit gestaltete sich das Anlegen im Wartebereich schwierig. Da bereits ein anderer Segler vor Ort war, der sich dort an einem Pfahl festgemacht hatte und im Wind Richtung Land lag, holte ich von diesem eine Info über die Tiefe ein. Ohne zu überlegen teilte er mir 3 Meter Tiefe mit. 3 Meter, da ist ja Luft nach oben dachte ich und legte uns ebenfalls in den Wind, während Fux den Old Smuggler über den Bugkorb an einem Pfahl befestigte. Der Tiefenmesser gab ebenfalls gute 2,50 Meter Tiefe an. Als plötzlich Angler in diesem Bereich ins Wasser gingen merkte ich, dass hier vielleicht doch nicht alles im grünen Bereich sein könnte. Das Ruderblatt hatte sich just in diesem Moment eine Auszeit auf Grund genommen. Aus den 3 Metern wurden schnell nur noch 2 Meter. Wir zogen das Boot soweit wie möglich nach vorne, weg vom Ufer und fenderten es am Bugkorb aus. Nicht optimal, aber für 15 Minuten wird es schon reichen, dachte ich mir. Die Brücke öffnete pünktlich und unsere Seite wurde als erstes freigegeben. Das Tor zur Insel Rügen zeigte sich im Abendlicht und wir steuerten noch im Hellen die Stadt an. Stralsund verfügt zusätzlich neben einer privaten Marina noch über einen günstigen Stadthafen. Die Entscheidung fiel auf den städtischen Liegeplatz. Erste Reihe mit Blick auf die Altstadt. Anlegen und einen guten Rum auf den ersten Segeltag trinken. Das nächste Crewmitglied war bereits da. Linda, eine ehemalige Kommilitonin aus meiner Münchner Studienzeit, hatte ebenfalls flüssige Bordverpflegung dabei. Nach dem verdientem Rum ging es noch eine Runde in die Hafenbar. Leider hatten wir nicht viel Zeit im Gepäck um die Stadt zu erkunden, denn der Wecker hatte den Auftrag, die Mannschaft um 6:00 Uhr zu wecken.

Brückenöffnung vor Stralsund.

## KAPITEL 9     STRALSUND – WARNEMÜNDE 88SM

Schon vor Sonnenaufgang verließen wir den Hafen. Der Wetterbericht hatte für den Tag vernünftigen Wind von 5 Beaufort nordwest vorhergesagt. Wir segelten durch die enge Fahrrinne an Hiddensee und seinem berühmten Leuchtturm vorbei, raus aufs Meer. Auch das neue Crewmitglied war Segelneuling und somit war dies für sie die erste Segelreise auf offener See. Ich sagte den Mädels, dass heute guter Wind angekündigt sei, ordnete das Tragen von Sicherheitswesten an und erklärte ihnen den Umgang mit Lifelines und Festmachpunkten.

Sobald wir das Stralsunder Haff hinter uns gelassen hatten, legte der Wind auf Beaufort 6 mit Böen von 7 zu. Für das alte Stahlschwein, wie manche den Old Smuggler nennen, überhaupt kein Problem. 10 Tonnen brauchen schließlich auch etwas Druck im Segel. Die Wellensituation war für uns erstmal gut, da wir mit halbem Wind unterwegs waren. 7,5 bis knapp über 8 Knoten waren nicht schlecht und wir segelten erstmal um den Darsser Ort herum. Danach, das wusste ich bereits, würde sich die Situation ändern, da wir hart am Wind segeln müssten, wenn es denn ginge. Während 2 Meter hohe Wellen das Boot ordentlich schaukelten, hatte Linda inzwischen die Farbe der weißen Segel angenommen und teilte mir durch ihre glasigen Augen mit, dass ein kurzfristiger Ausflug zur Bordapotheke unausweichlich sei.

Auf dem Weg nach Warnemünde.

Ob das noch hilft oder ob die Tablette unverzüglich den gleichen Weg zurück aus dem Körper nehmen würde, den sie zuvor beschritten hatte? Aber besser sei es, teilte ich ihr mit. Fux hatte bereits seit geraumer Zeit das Steuer übernommen und schien sichtlich Spaß zu haben. Auch war das leidige Thema Tiefen erstmal gegessen und so konnte sich mein zweiter Mann bzw. meine zweite Frau nun allein um Kurs und Welle kümmern. Nach kurzer Zeit zeigten die Seekrankheitstabletten ihre einschläfernde Wirkung und Linda beschloss, sich das Segelgeschehen vom Salon aus zu geben.

Wenig später bestätigte sich meine Befürchtung mit der Windrichtung, es war uns leider nicht mehr möglich im optimalen Kurs zu segeln. Es hieß nun 5 Stunden unter Motor und gegen die Welle Warnemünde anzusteuern. Meine Steuerfrau teilte mir kommentarlos mit einem Blick mit, warum es eigentlich Segelboot heiße, wenn man mehr unter Motor fahre als unter Segel. Ich packte meine geballte Rhetorik aus. Wir kämen sonst im Dunkeln an, es wird kalt, nass und das Essen würde auch aus bzw. ins Wasser fallen. Das hatte gesessen, jegliche Diskussionen waren im Keim erstickt. Ich musste also nicht erst den berühmten Skipperton einschlagen, mit dem sich ebenfalls jegliche Diskussionen sofort erledigt hätten. Ein paar Stunden später erreichten wir die Lichterorgel von Warnemünde, gerade noch rechtzeitig vor Einbruch der Dunkelheit. Im Hafen angekommen versuchten wir den einzig freien Liegeplatz zwischen zwei Pfählen, die genau 3 Meter breit waren, zu sichern. Mit etwas Muskelkraft konnten wir den Umstand der Pfahlweite doch noch recht gut meistern. Anschließend beschlossen wir uns der Nahrungsmittelaufnahme zu widmen.

Wie der Großteil der Touristenherden beschlossen wir, uns auf ein überlaufenes und auch überteuertes Restaurant am Strom zu stürzen. Das Restaurant warb mit Livemusik, Fischgerichten und Gemütlichkeit. Das reichte völlig, ging es doch in erster Linie darum dem flauen Magengefühl zu begegnen. Die Livemusik bestand aus einem Mann mit Keyboard und lieferte sich ein Kopf-an-Kopf-Duell mit meiner qualitativ wenig hochwertigen Fischsuppe, sofern man das überhaupt eine Fischsuppe nennen konnte. Die weibliche Begleitung war aber erst mal zufrieden. Sehr gut. Der Skipper tröstete sich mit dem überteuerten Bier und lauschte den Seemannsliedern, die von einem 80er-Jahre-Keyboard untermalt wurden. Nachdem wir diesem essentiellen Grundbedürfnis nachgekommen waren, versuchten wir uns an einer Kaibar in der Nähe vom Seenotrettungskreuzer. Die Getränke beinhalteten soviel Alkohol, dass uns schon nach wenigen Schlucken vom Mojito ein Magendejavü heimsuchte. Der hohe Preis begegnete sich zumindest auf Augenhöhe mit dem Alkoholgehalt. Nachdem sich unsere Drinks in unserer Blutbahn wiederfanden, ging es mit runden Schuhen zurück Richtung Yachtclub.

Da uns Linda am kommenden Tag bereits in der Früh wieder verlassen hatte, verbrachten wir nun wieder zu zweit die Zeit in Warnemünde. Aufgrund des Umstandes, dass Fux vor nicht allzu langer Zeit in Rostock studiert hatte, besaß sie noch einen großen und zu meiner Freude hauptsächlich weiblichen Freundeskreis in der Hansestadt. Diesen Vorteil nutzte ich aus, um eine Freiwillige für die Montage eines neuen Verklickers zu nutzen. Hilfreich, da sich der alte Windanzeiger leider auf der Fahrt von Stralsund nach Warnemünde verabschiedet hatte.

Montage eines neuen Windanzeigers am Masttop in Warnemünde.

Es war Freitag und das Auslaufen begann mit den ersten Sonnenstrahlen. Es gab keinen weiteren Crewzuwachs und so fuhren Fux und ich alleine bei bestem Wetter der Sonne hinterher. Das Wetter sollte für uns Windstärke 5 bis 6 mit Böen bis 7 bereithalten. Die Vorbesprechung mit Fux zeigte mir eindeutig, dass hier das Vertrauen in das Boot bereits deutlich gestiegen war und es somit ohne Probleme wieder auf die Ostsee gehen konnte. Ich entschied ohne Reff und mit der Standardfock auszulaufen, der Besanmast blieb schmucklos. Der Old Smuggler lief mit Amwindkurs bis zu 9 Knoten über Grund schnell Richtung Gorch Fock. Nach elf Stunden und 80 Seemeilen, erreichten wir den diesmal völlig überfüllten Hafen in Stralsund, in dem an diesem Wochenende ein Hafenfest mit historischen Schiffen stattfand. Aufgrund der guten Wetterlage entschieden wir uns vor den Stadttoren zu ankern. Eigentlich, so dachte ich, gehört der Old Smuggler auch zu den historischen Schiffen. Es half nichts. Dingi aufblasen und sich dem Stadttreiben hingeben.

Unter Anker bei Stralsund.

Am nächsten Morgen entschieden wir uns spontan, den Samstag noch in Stralsund zu liegen und das Schiff ein wenig zu sortieren beziehungsweise eine gewisse Ordnung bei der Lagerung von Lebensmitteln und anderem hinzubekommen. Es sollte somit erst am Sonntag nach Swinemünde weitergehen.

## KAPITEL 11  STRALSUND – SWINDEMÜNDE 85SM

An diesem Sonntag war Windstärke 6 und mehr dem Wetterbericht zu entnehmen. Mit einem Reff fuhren wir nach der ersten Brückenöffnung Richtung Greifswalder Bodden. Anfänglich segelten wir 8 Knoten und fuhren zielstrebig auf die bei manchen Seglern so gefürchtete Fahrrinne am Ende vom Bodden zu. Der Buckelwal grüßte heute schon wieder nicht, was meinem weiblichen Crewmitglied missfiel. Nachdem der Wind mit den Nachmittagsstunden nachgelassen hatte, öffneten wir das Reff im Großsegel und konnten somit unsere durchschnittliche Geschwindigkeit von 7 bis 8 Knoten beibehalten. Gegen 19:00 Uhr erreichten wir den Hafen von Swinemünde und erhielten die Möglichkeit, uns von der dortigen positiven Mückenentwicklung persönlich zu überzeugen. Die ersten Begrüßungsworte anderer Hafengästen waren schlichtweg: „Hoffentlich habt ihr was gegen diese Plage dabei". Was ich in Sachen Blutspenden in den letzten Jahren versäumt hatte, holten diese Flugbiester mit der Geschwindigkeit eines TGV auf freier Strecke nach. Hier half nur die Kabine hermetisch abzuriegeln und sich nicht verrückt machen zu lassen von der Armada, die bereits unserer Schiff geentert hatte.

Am nächsten Tag sollte der Wetterbericht recht behalten und uns mit Windstärke 5, kommend aus Norden, keine Probleme bereiten. Jedoch muss vorab erwähnt werden, dass wir 90 Seemeilen vor uns hatten. Ein wenig Geschwindigkeit würde also nicht schaden. Bis 15:00 Uhr gelang uns mit durchschnittlich 6 bis 7 Knoten eine angenehme Fahrt. Danach war uns der Windgott leider nicht mehr so wohlgesonnen.

Erst gegen 20:00 Uhr erreichten wir die Betonnung von Kolberg. Die Hafeneinfahrt war von Backbord mit einer überaus langen Kaimauer gesichert, an dieser Stelle schien der Ostwind wohl seine Tücken zu haben. Der Yachthafen war in zwei Bereiche gegliedert, die deutlich voneinander getrennt waren. Der Hafenmeister hatte unser Kommen schon bemerkt und signalisierte uns mit deutlichen Gesten, wo wir liegen sollten.

Nach dem Anlegen wurden wir von einer modernen und sauberen Hafenanlage überrascht. Auch die Liegegebühr von 12 Euro pro Nacht konnte man getrost verschmerzen. Da das Zentrum von Kolberg etwas mehr im Landesinneren liegt, stellten wir uns auf einen kleinen Fußmarsch von ca. 20 Minuten ein. Dies war kein Problem, da wir ohne Einkäufe unterwegs waren und es nach einem Tag auf See gut tat, sich die Beine zu vertreten. In der Stadt wollten wir etwas essen und eine kleine Besichtigungsrunde unternehmen. Kolberg ist überschaubar und besticht nicht unbedingt mit seiner architektonischen Bauqualität. Da in Polen jedoch die Supermärkte erst gegen 23:00 Uhr schließen, konnten wir nach unserem Spaziergang noch in Ruhe einkaufen.

Auch wenn der der Yachtclub an einer stark befahrenen Straße liegt, ist es dort erstaunlich ruhig. Erschöpft von den 90 Seemeilen und unserer Erkundungstour konnten wir hervorragend einschlafen.

KAPITEL 13          KOLBERG - DARLOWO 46SM

Mit guten 40 Seemeilen sollte die heutige Strecke von Kolberg nach Darlowo eher einen gemütlichen Segeltag versprechen. Kolberg hatten wir am Vortag erst nach 90 Seemeilen erreicht, was für eine Tagesstrecke nicht zu unterschätzen ist. Ohnehin war der gesamte Tagestörn mit 50 bis 60 Seemeilen am Tag geplant, eine ideale Distanz bei normalen Windverhältnissen.

Wir verließen den Hafen um kurz vor 10:00 Uhr, um die zu jeder vollen Stunde getaktete Brückenöffnungszeit perfekt abzupassen. Die Berufsschifffahrt, in diesem Fall die Fischerboote und auch die Ausflugsboote, waren allesamt sehr freundlich und ließen uns sogar vor. Mit Windstärke 4 und ruhiger See fuhren wir mit der Genua I und dem gesetzten Groß- und Besansegel mit 6,5 Knoten zu  unserem nächsten Ziel. Bevor wir den Yachthafen in

Darlowo anlaufen konnten, mussten wir an einer Fußgängerbrücke warten.

Der Brückenwärter wachte in einer extravaganten kommunistischen Architekturbehausung, direkt über dem Geschehen.

Brückenhaus Darlowo.

Während des Wartens beobachteten wir das quirlige und laute Treiben um uns herum. Polnische Urlaubsorte zeichnen sich offenbar durch jahrmarktähnliche Szenen aus. Diesem Trubel wollten auch wir uns nach dem Anlegen widmen. Zeitgleich setzte auch der Hunger meiner Einfraucrew ein. Wir legten an dem gepflegten Yachtclub Zarzad Portu zwischen Strand und Stadt an. Sauber, modern und freundlich begegnete uns diese Seefahrereinrichtung. Nachdem wir uns mit den Annehmlichkeiten des Yachtclubs vertraut gemacht hatten, suchten wir das bunte Treiben auf. Wie ein junger Bursche mit großen Augen betrachtete ich dieses Jahrmarktfeeling. Meiner weiblichen Begleitung erging es gefühlsmäßig nicht anders. Die grellen Lichterlandschaften der unzähligen Bars und Stände wurden uns jedoch schnell zuviel, sodass wir alsbald den Strand aufsuchten, wo uns einer der schönsten Sonnenuntergänge des Törns erwartete. Feuerrot zeigte uns die Plasmakugel, wie mit Stil Licht eingesetzt werden kann. Nachdem uns die letzten Lichtstrahlen verließen, war es an der Zeit, die Besatzung für den heutigen Segeltag zu belohnen. Mit einer kulinarischen Geschmacksexplosion war auf den ersten Eindruck nicht zu rechnen. Jedoch verspürten wir ohnehin den Drang, etwas Deftiges zu uns zu nehmen. Wir entschieden uns für ein Burgerrestaurant und waren von der dortigen Qualität stark überrascht und beeindruckt. Nicht unbekannt ist auch, dass die Portionsgrößen sich hier eher an die guten Esser richten. Mit viel Ballast im Unterwasserschiff, versuchten wir anschließend das tobende Durcheinander auf den Straßen zu verlassen und gingen zielstrebig zurück zu unserem Yachtclub.

Am nächsten Morgen verließen der Fux und ich gegen 10:00 Uhr den Yachthafen von Darlowo, mit der Absicht Leba noch vor Einbruch der Dunkelheit zu erreichen. Direkt östlich von Darlowo liegt ein Sperrgebiet, das in drei unterschiedliche Abschnitte unterteilt ist. Der erste Teil, welcher direkt von der Küste ungefähr drei Seemeilen hinausragt, kann noch einfach und ohne großen Zeitverlust umfahren werden. Der dritte Bereich endet allerdings erst an der 12-Seemeilen-Zone. Dazwischen befindet sich der zweite Sperrbereich. Während unserer Fahrt vernahmen wir mehrfach Lichtblitze und Donner, die auf eine Militärübung hinwiesen. Auch waren in der Ferne Hubschrauber zu erkennen, die auf Punkte im Meer zielten. Die Sonne schien, die Laune war gut, der Plotter nicht mehr wirklich im Blick und so kam es, dass wir die dritte Sperrzone durchkreuzten. Daraufhin bekamen wir ziemlich rasch Besuch in Form eines Kampfhubschraubers, der ein paar Mal sehr tief um uns herum flog und uns ganz genau inspizierte. Die Botschaft war eindeutig, wir hatten hier nichts verloren. Da wir von anderen Seglern die Information hatten, dass bei einem solchen Kontakt die örtliche Polizei im nächsten Hafen auf einen wartet, gab es an Bord eine gewisse Vorfreude auf das Ankommen in Leba. Wir segelten erstmal ohne weitere Zwischenfälle mit voller Besegelung Richtung Leba. Gegen 14:00 Uhr, ziemlich genau nachdem wir die Sperrzone verlassen hatten, brach der Wind ein und wir mussten unter Maschine den Hafen von Leba anlaufen. Kurz vor Leba entschieden wir uns einfach zu ankern und uns somit den Spaß mit der örtlichen Polizei zu sparen.

Da einige Teile der polnischen Küste nicht gänzlich von Überraschungsbonbons aus dem Zweiten Weltkrieg befreit sind, hilft vor dem Ankern hier nochmal ein beherzter Blick in die Seekarten.

Das Ankern auf dem sandigen Untergrund verlief problemlos und war, dank der ruhigen See, auch für die Schiffsköchin ein erfreulicher Umstand. Es sollte mich beste Bordküche erwarten. Als erklärter Pazifist entschied ich mich, aufgrund der Schockbewältigung nach dem heutigen militärischen Intermezzo, für polnische Hopfenflüssignahrung als Vorspeise.

Nachdem Crew und Skipper, hier zwei Personen, mit der Nahrungsaufnahme fertig waren, musste noch die kommende Tour besprochen werden. Unser morgiges Ziel, Sopot, war wieder durch ein großes Sperrgebiet bis in die 12-Seemeilen-Zone blockiert. Warum hier so ein Theater gemacht wird, verstehe ich nicht ganz, aber diesmal wollte ich bei dieser Truppenparty nicht mitfeiern. Da Dank des Sperrgebietes die Distanz zu unserem Ziel ungefähr 120 Seemeilen betrug, musste auch der beste Skipper sich eingestehen, dass ein Ankommen vor Einbruch der Dunkelheit nur schwer machbar sein würde. Im Folgenden nenne ich das Kind beim Namen: Früh ins Bett, früh raus.

KAPITEL 15                                   LEBA – HEL 102SM

Der Wecker klingelte bereits um 5:00 Uhr. Ich blickte meine Crew an und sah, dass dies offensichtlich nicht die Zeit war, wo Höchstleistungen von der Mannschaft zu erwarten waren. Eine Stunde später wurden die Segel gesetzt.

Leider war, wie der Wetterbericht uns voraussagte, nicht mit einer Windstärke 5 oder mehr zu rechnen. Windstärke 4 half jedoch, mit entsprechenden Segeln durchschnittlich 6 Knoten gut Strecke machen zu können. Ab 12:00 Uhr ging der Wind deutlich zurück. Meine weibliche Besatzung hatte ich derweil schon auf eine Nachtfahrt vorbereitet. Marketing in Reinkultur. Es wird richtig schön, wenn die Sonne untergeht und acht Stunden später wieder aus dem Meer auftaucht. Auch das Wetter sollte, dem Wetterbericht zufolge, gut bleiben. Die erste Nachtfahrt sollte für uns allerdings ganz anders werden. Nachdem gegen 15:00 Uhr der Wind komplett eingebrochen war, entschied ich die Segel einzuholen und direkten Kurs unter Maschine mit 5,5 Knoten zu machen. Noch immer hangelten wir uns am Sperrgebiet entlang. Gegen 18:00 Uhr versuchten wir es nochmal mit dem Segeln, da doch die eigentliche Aufgabe eines Segelboots darin besteht zu segeln und nicht zu motoren. Nach einem langen Tag auf See war um 21:00 Uhr wieder Land in Sicht. Die Halbinsel Hel trat in Erscheinung.

So schön kann ein Sonnenuntergang vor dem Sturm sein.

Jedoch war die Halbinsel nicht das Einzige, was in Erscheinung trat. Als mir das Wort „FUCK" über die Lippen kam, erkundigte sich meine Besatzung mit dem Wort:

„WAS?". Ich zögerte nicht und zeigte ihr, dass an Steuerbord eine große Böenwalze am Himmel zu sehen war. Stimmung gleich Null. Was das bedeutet, erkundigte Fux sich. Ich erklärte ihr die Lage und sagte, dass ich kurz die Wetterdaten prüfen müsste. In diesem Augenblick erhellten die ersten Blitze das Nachtfirmament. Der Wetterdienst hatte zwar eine Gewitterwahrscheinlichkeit von 50 Prozent herausgegeben, der Blick auf das Barometer zeigte jedoch ein deutliches Hoch, 1012 Hektopascal und somit hatte ich irgendwie die Hoffnung, dass diese Wetterfront an uns vorbei ziehen würde. Ich entschied trotzdem die Segel einzuholen und erste Unwettervorbereitungen einzuleiten. Ladung sichern, Verschlußzustand herstellen, Crew und Skipper an die Leine nehmen, Segel zusätzlich sichern und unter Maschine den Hafen von Hel ansteuern. Der Gedanke: „mach es" war Gold wert. Da es inzwischen schon 22:00 Uhr war und die Dunkelheit einsetzte, konnte der Himmel nicht mehr exakt gedeutet werden. Nur beim Aufleuchten der einzelnen Blitze war die große sich auf uns zu bewegende dunkle Wolkenwalze deutlich zu erkennen. Plötzlich brach dann der Wind komplett ein, was zu einem erneuten: „FUCK" meinerseits führte. Fux fragte vorsichtig und ich teilte ihr mit, es könne gleich ordentlich Stimmung geben. Ich versuchte sie zu beruhigen, indem ich ihr erklärte, dass uns nichts geschehen würde. Ganz egal was passieren würde, sie solle ruhig bleiben. Nach drei Minuten totaler Windstille bekamen wir die erste kräftige Böe ab. Heftig. Das gleichzeitige Pfeifen im Mast und im Rigg war unheimlich. Der Leuchtturm und die Lichter der Küste, die wir schon eine geraume Weile sehen konnten, waren plötzlich von der Dunkelheit verschluckt worden.

Der Old Smuggler besitzt keine Rollfock und ich hatte nicht bedacht, obwohl zusätzlich gesichert, dass ein am Seezaun angebrachtes eingerolltes Segel sich bei derartigen Windverhältnissen öffnen könnte. Ich teilte Fux mit, dass ich sofort das Vorsegel holen müsste und sie den Kurs auf den Hafen in Hel halten soll. Dieser war zu diesem Zeitpunkt noch 10 Seemeilen von uns entfernt. „Achte auf das Ansteuern der Wellen und halte den Kurs", gab ich meinem Segelneuling zu verstehen. In diesem Moment ereichte uns schlagartig die Gewitterfront in Begleitung mit den ersten hohen Wellen. Ich löste meine Lifeline und hangelte mich an den Bugspriet, wo ich mich sofort erneut sicherte. Diese Sicherungsmaßnahme erleichterte meine Arbeit leider nicht. Allein die Klampen zu lösen und die einzelnen Stagreiter zu öffnen, war unter diesem Umständen eine Doktorarbeit. Zwischenzeitlich tauchte ich für mehrere Sekunden unter Wasser ein, gleichzeitig musste ich aufpassen, dass mir das Vorsegel nicht aufging oder etwas ins Wasser fiel, was in die Schiffschraube gelangen könnte. Währenddessen klammerte sich der Fux ans Steuerrad, kauernd, um den inzwischen auf 6 Meter angestiegenen Wellen wenig Angriffsfläche zu bieten. Verzweifelt versuchte sie bei diesen Wetterverhältnissen den Kurs beizubehalten. Bei Böen mit einer Geschwindigkeit von 152 km/h (wie wir später erfuhren) war dies unmöglich. Zeitlich ist es im nachhinein schwierig zu sagen, wie lange ich gebraucht habe. Immer und immer wieder stürzte ich mit dem Bugspriet mehrere Meter die Wellenberge hinunter, was mein Unterfangen das Vorsegel zu lösen zusätzlich erschwerte. Ich schätze nach ungefähr 30 Minuten hatte ich das Segel gelöst und in der Pflicht notdürftig verstaut.

Zwischenzeitlich hatte sich Starkregen, Blitz und Donner direkt über uns eingefunden. Bei der Rückkehr in die Pflicht traf ich auf einen ebenfalls völlig durchnässten Fux, der mir, wenn auch nicht physisch, um den Hals fiel vor Glück. Die Lufttemperatur war gefühlt auf dem Gefrierpunkt, sodass einem das Ostseewasser fast kochend warm vorkam. Während die Wellen pausenlos und unablässig über uns hereinbrachen, versuchten wir weiterhin unseren Kurs auf Hel beizubehalten. Obwohl der Motor fast auf Volllast fuhr, betrug unsere Geschwindigkeit teilweise nur null Knoten. Die Wellen und der Wind, ich kannte bis dahin diese Art von Wind nicht einmal an Land, schlugen wie Klitschkos Rechte auf uns ein. Ich hatte mittlerweile das Gefühl, die halbe Ostsee in meinen Klamotten zu haben. Als der Regen auch noch seinen Aggregatszustand von flüssig zu fest wechselte, hoffte ich, dass nun endlich das Ende der Fahnenstange erreicht war. Fux übernahm nun die genauen Kursangaben, indem sie den Plotter verfolgte und mir die entscheidenden Informationen wie Position, Kurs und Gemütszustand mitteilte. Über Stunden kämpften wir uns Richtung Hel. Der Gewittersturm wollte einfach nicht nachlassen. Da der Wind vom Landesinneren kam, gab es noch die Problematik mit der Hafeneinfahrt. Fux sah mich mit großen Augen an, als ich ihr sagte, dass wir unter Umständen den Hafen nicht anlaufen könnten, denn der Wind war dort auflandig. Wir beobachteten also erstmal die kritische Situation vor dem Hafenbecken. Auch treibende, durch das Unwetter gelöste Fischernetz könnten eine Gefahr darstellen. Um 2:30 Uhr gab es endlich ein etwas ruhigeres Zeitfenster. Da auch ich entkräftet war, beschlossen wir es mit der Hafeneinfahrt zu versuchen.

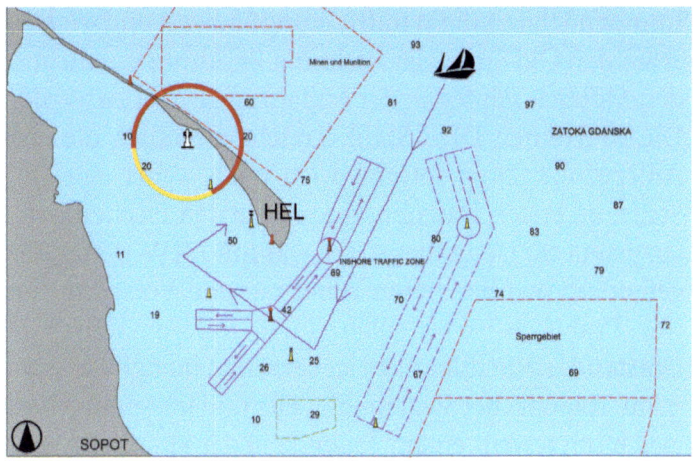

Position Old Smuggler 23:00 Uhr am 11.08.2017.

Gischt, Wellen und die Dunkelheit gepaart mit heftigen Gewittern. Das Unwetter setzte uns auf See heftig zu und forderte in dieser Nacht leider auch mehrere Todesopfer. Am polnischen Festland führte das Unwetter zu den größten Waldschäden die bisher erfasst wurden. In den Medien wurde von einem bei uns sehr selten auftretenden „Derecho" gesprochen.

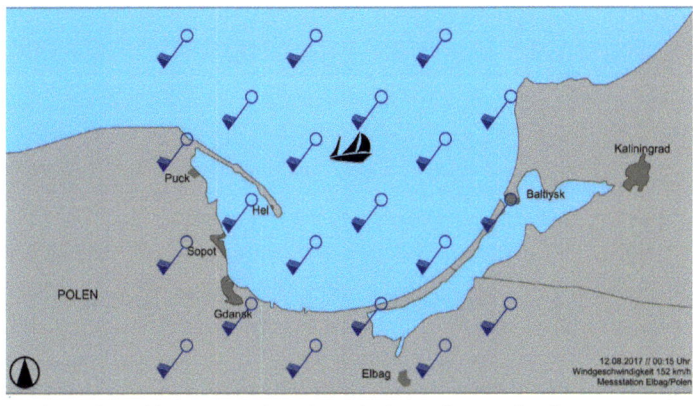

Deckwäsche inklusive, Windgeschwindigkeiten bis 152 km/h.

Immer noch war die Windrichtung Südwest und wir steuerten den Old Smuggler Richtung Backbord um nicht an den Molenausläufer an der Einfahrt gedrückt zu werden. Die 10 Tonnen DDR-Stahl erreichten endlich die erste Anlegezone. Dort entschied ich mich sofort eine freie Stelle, im ersten Hafenbecken, neben den Fischerbooten anzusteuern. Denn dieser Teil war mit LKW-Reifen ausgefendert, was bei diesen Wind nur von Vorteil für uns war. Praktisch ist bei solch einem Anlegemanöver der Umstand, ein Stahlboot zu steuern, den hier gibt es etwas mehr Toleranz bei Stegkontakt. Fux und ich sprangen zugleich mit jeweils einem Tauende in der Hand von Bord, um das Boot zu befestigen. Es musste beim ersten Versuch klappen. Beim Setzen der Spring übersah ich eine Reifenlücke zwischen Steg und Boot und fiel zwischen die Altreifenfender. Geschuldet war dies sicherlich meiner Entkräftung und der nachlassenden Konzentration.

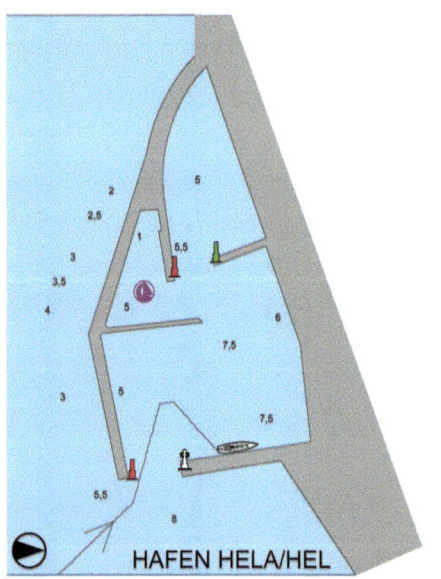

Endlich, Hafen in Hel.

Endlich geschafft, dachte ich in diesem Moment und somit gingen meine Anspannung und die Achtsamkeit zeitgleich mit mir über Bord. Zum Glück konnte ich mich selbstständig wieder an Land ziehen. Denn der Fux war in diesem Moment noch mit dem Befestigen der Achterleine des Bootes beschäftigt. Sobald das Schiff gesichert war, fanden wir beide endlich den Weg unter Deck. Dort wurde auch der Bordfux wieder lebendiger und forderte seine Belohnung in Form von Qualitätsrum. Unverdünnt. Nachdem wir unseren Wet-T-Shirt-Kontest beendet hatten und wir in neuen trockenen Kleidern steckten, schmeckte dieser Rum so wie selten ein Rum. Unvergesslich gut. Bevor wir einschliefen teilte mir die weibliche Besatzung mit, dass Nachtfahrten nicht so ihr Ding seien.„Schön hast du gesagt. Sonnenuntergang hast du gesagt, Sonnenaufgang hast du gesagt". Unkommentiert ließ ich dies im Raum stehen. Irgendwas ist ja immer.

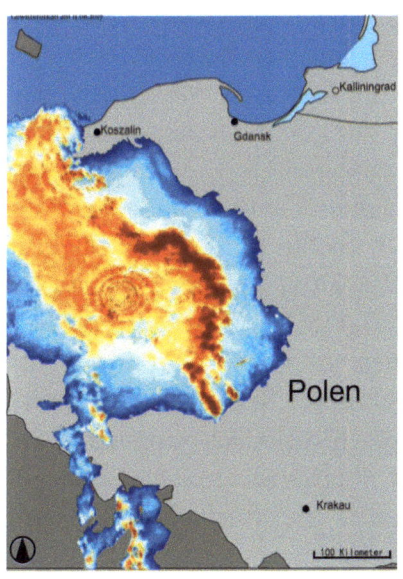

Das Multizellengewitter am 11.08.2017 entwickelte sich um 16:00 Uhr UTC zum Sturm über Tschechien. Ab 18:00 Uhr UTC bildete sich ein gut ausgeprägtes Bogenecho über Polen welches gegen 22:00 Uhr UTC die Danziger Bucht erreichte. Diese Art von Gewitterorkan entwickelt eine über 400-Kilometer-Gewitterlinie und kennzeichnet sich durch ungwöhnlich heftige Fallböen (Downbursts).

Nach nur 3 Stunden Schlaf, um 6:00 Uhr in der Früh, begrüßte uns der Hafenmeister nicht gerade freundlich, da wir ja unerlaubter Weise immer noch bei den Fischerbooten lagen. Als ich aber erklärte, dass wir gestern Nacht bzw. erst vor drei Stunden angekommen waren, erntete ich respektable Blicke.

Wir legten uns, um weitere Diskussion zu vermeiden, sofort um auf einen freien Platz im Yachthafen. Da das Wetter weiterhin Windstärke 8 präsentierte, entschieden wir einen ruhigen Hafentag zu machen und legten uns sofort wieder schlafen. Als wir am frühen Nachmittag aufwachten, schaukelte das Boot trotz Hafenschutz merklich. Da Samstag war, entschieden wohl einige Segler trotzdem mit Ihren Booten eine Ausfahrt zu unternehmen. Denn plötzlich wurden wir durch einen Schlag aus unserem Dämmerschlaf gerissen. Als ich an Deck ging, um zu sehen was vorgefallen war, bemerkte ich eine Delphia mit vier Mann an Bord, die versuchten zwischen den Old Smuggler und dem am Steg gegenüberliegendem Boot hineinzuquetschen. Die Situation war eindeutig. Der Skipper hatte den Wind beim Anlegen massiv unterschätzt und knallte mit seinem Bugkorb gegen unser Heck. Gutes altes Stahlboot dachte ich nur. Kein Kratzer. Die vier Mann schienen komplett überfordert und fenderten ihr Boot nicht einmal aus. Beim zweiten Anlauf nahm der Skipper die eigentlich viel zu enge Lücke mit noch mehr Schwung ins Visier. Der Aufschlag mit der Bugspitze am Steg war vorprogrammiert. Es ging alles so schnell, dass ich keine Zeit hatte unsere Backbordseite besser auszufendern.

Der Wind drückte die Delphia wieder gegen den Old Smuggler und die Finne unseres am Heck montierten Außenbordmotors, signierte drei Meter lang sein Kunststoffdeck, untermalt mit einer herrlich knirschenden Akustik, gefolgt von dem Aufschlag am Steg. Dieser fiel weniger heftig aus als erwartet, da einige Leute am Steg das Schlimmste verhinderten. Aufgrund der fehlenden Fender kassierte die Delphia noch das ein oder andere Veilchen vom Old Smuggler. Die Crew der Delphia bemerkte nun doch, dass Fender während des Anlegens hilfreich gewesen wären und holten diese aus der Pflicht. Da der Wind das polnische Wasserfahrzeug kräftig gegen den Old Smuggler drückte, gelang dies nur unter großem Krafteinsatz, der dem Seezaum der Delphia zusätzliche Präsente bescherte. Zeitgleich wurde es immer voller im Yachthafen, da die meisten Wassersportfreunde den Wind wohl unterschätzt hatten. Hafenkino in Reinkultur. Es wurden immer mehr Boote, die versuchten jeden noch irgendwie möglichen freien Liegeplatz zu belegen. Natürlich versuchte ich den Neuankömmlingen zu helfen. Als meine Einsätze beendet waren, beschlossen wir dem Stress ein Ende zu bereiten und eine Runde zu saunieren. In den Pausen zwischen den Saunagängen gingen wir dampfend an Deck, was zu staunenden Blicken der anderen Segler führte. Die Frage was passiert sei, wurde kurzum mit dem Wort Sauna beantwortet. Sicherlich kann die Frage gestellt werden, ob eine Sauna auf einem Boot, im Besonderen auf einem Segelboot, sein muss. Diese Frage habe ich mir jedoch nie gestellt. Boote mit Klimaanlage, Kaffeevollautomaten und riesigen Flatscreens halte ich für weniger ehrlich als ein altes Stahlboot ohne großen Luxus. Es ist wie ein Oldtimer, der keine elektrischen Helfer besitzt und als einziges Extra eine ordentliche Heizung hat. Das mag ungewohnt für die heutigen SUV-Fahrer sein, bei denen die technische Grundausstattung selbstverständlich ist, aber ein Sonderextra beim alten Nachbarfahrzeug für Verwunderung sorgt. Zudem muss ich eingestehen, dass ein gewisser Neid sicherlich nicht nur von der Sonderausstattung herrührte, sondern auch der Umstand, mit wem ich hier dampfend an Deck stand, sollte diesen Zustand verstärkt haben. Wenn ich mir vorstellen würde nach einem anstrengenden Segeltag in den Hafen zu kommen und mein Nachbar wäre ein gut gelaunter Skipper, der dampfend mit einem schönen Mädchen mitsamt einem Frischgetränk in der Hand aus einer Bootssauna käme, na ich würde gerne tauschen. Soweit so gut.

Der Eingang zur Wärmezone unter Deck.

Nach herrlichen vier Aufgüssen verließen wir dann doch noch den Hafen, um uns eine kleine Stärkung zu besorgen. Nachdem der Hafen nicht die städtebauliche Glanzseite von Hel war, kann man das vom Zentrum jedoch nicht behaupten. Hier gibt es, gemessen an der Größe der Stadt, unzählige Bars und Restaurants. Natürlich touristisch, aber irgendwie auch nett, wenn man sich damit abfindet, dass zur Hauptsaison viele Menschen die Straßen bevölkern. Als wir schließlich zu den Booten zurückfanden, hörten wir das lautstarke Pfeifen des Windes an den Mästen, ebenso wie die klingende Geräuschkulisse von Metalltönen der schaukelnden Schiffe. Der Hafen war, was die Auslastung von Booten angeht, an seine Kapazitätsgrenze gekommen. Selbst in dritter Reihe lagen die Boote mittlerweile am Steg zusammengebunden.

Der Erholungsraum im Old Smuggler.

Wir lauschten dem kostenlosen Hafenchor noch eine Weile, bevor wir uns ins schaukelnde Bett verkrochen. Der nächste Tag sollte eine kleine, aber schöne Segelreise nach Sopot werden.

Am Himmel konnten wir schnelle Wolkenbewegungen beobachten, als wir die Luke morgens über dem Schlafzimmer öffneten. Auch waren noch immer deutliche Schiffsbewegungen zu vernehmen. Da der Old Smuggler keine Windmessanlage besaß, gingen wir zur Hafenmauer um dort den aktuellen Wind zu messen. Zwischen 22 und 25 Knoten Wind waren für den Old Smuggler kein Problem und auch meine Crew, die immer noch nur aus Fux bestand, war von diesen Werten unbeeindruckt. Immerhin war die letzte Route, mit Windgeschwindigkeiten von über 80 Knoten deutlich sportlicher gewesen. Der Vorstag erhielt für diese Etappe die Standardfock, dass Großssegel wurde nicht in der Fläche reduziert. Wir waren an diesem Sonntag gegen 10:00 Uhr die ersten, die den Hafen verließen. Es war wohl einigen anderen Seglern nicht sicher genug. Der Wetterbericht deutete auf gleichbleibende Windverhältnisse hin, nur die See hatte sich noch nicht gänzlich beruhigt. Wir legten trotz ordentlichem Wind mustergültig ab und fuhren zum Hafenausgang. Vielleicht war es Einbildung, aber es schien als wurden wir dabei von allen anderen Wassersportfreunden gemustert. Nachdem wir vor dem Hafen die Segel gesetzt hatten, bemerkten wir, dass auch eine 40 Fuß Delphia hinter uns aus dem Hafen gekommen war. Windrichtung und Ziel hatten leider eine Linie gebildet und so segelten wir hart am Wind, um dem Ziel entgegen zu kommen. Die Crew der Delphia traute sich offensichtlich nicht mit offenem Segelkleid zu fahren und so konnte der Old Smuggler mit ordentlichen 7 Knoten zeigen wozu ein altes Boot in der Lage ist.

Wind und Wetter optimal auf dem Weg nach Sopot.

Die Delphia konnte zwar etwas näher am Wind fahren, das brachte ihr am Ende aber auch nicht viel. Die letzten 5 Seemeilen fuhren wir schließlich unter Motor, um Sopot zu erreichen. Die Einfahrt war überraschend einfach, denn der Yachtclub lag am Ende einer langen Seebrücke. Ein grandioser Blick auf das Meer und das berühmte Grand Hotel waren inklusive. Ein Servicemitarbeiter des Hafens war leider zu spät zur Stelle, wir mussten nochmal Ablegen und einen anderen Liegeplatz ansteuern. Da es doch noch recht windig und der Old Smuggler nicht der beste Wendemeister war, erforderte dies etwas mehr Arbeit. Nachdem wir zwischen einem aus meiner Sicht typischen Potenzmotorboot und einer ästhetisch ansprechenden Segeljolle angelegt hatten, wurde uns im Hafenmeisterbüro die Quittung für diese offensichtlich von betuchteren Bootsfreunden besuchte Marina, präsentiert.

35 Euro pro Nacht in Polen hatten wir bisher noch nicht auf dem Zettel. Die Sanitäranlagen waren zudem umständlich zu erreichen und fanden nicht den gewünschten Reinigungszustand, den sich die Crew für das elitäre Auftreten gewünscht hätte.

Die menschenüberfüllte Seebrücke erschwerte uns wenig später den Weg Richtung Seepromenade, wir versuchten trotzdem über die Seitengassen einen Blick auf die Bäderarchitektur zu bekommen. Anschließend musste wie immer die Nahrungsaufnahme Beachtung finden. Wir einigten uns auf ein Fischrestaurant namens White Marlin. Hier wurde einem erst nach der Anmeldung einer der Tische zugewiesen. Wir bekamen einen Tisch im Außenbereich, mit Blick auf das Meer und den Yachtclub. Hier war die Weinkarte war ebenso vielfältig, wie die gebotene Preisspanne. Mit angestrengtem Blick konnten wir sogar die zwei Masten von unserem alten Yawl im Yachtclub erkennen. Nach der Nahrungszufuhr ging es über die mittlerweile leere Seebrücke zurück zum Old Smuggler, wo wir den Abend entspannt ausklingen ließen.

KAPITEL 18                          SOPOT – DANZIG 25SM

Die Distanz zwischen Danzig und Sopot beträgt 25 Seemeilen, entlang der polnischen Erholungsküste und kann somit getrost als Katzensprung bezeichnet werden. Der Wind war mit maximal 10 Knoten angenehm und eine Wellenbildung war so gut wie überhaupt nicht vorhanden. Genua und Groß mitsamt Besan waren gesetzt und mit gemütlichen 5 Knoten ging entlang der malerischen Bucht Richtung Ostseeperle Danzig.

Nach gut drei Stunden mit idealem Kurs war dann Schluss mit dem Segeln. Danzig konnte, aufgrund der geschützten Binnenlage, nur unter Motor angefahren werden. Bei gutem Wetter und noch besserer Laune fuhren wir in die Altstadt. Nachdem uns eine nette und junge Hafenmeisterin einen Liegeplatz mit Blick auf das Wahrzeichen der Stadt, das Krantor, zugewiesen hatte, erkundeten wir den Stadthafen. Dieser war erstaunlich leer.

Brückenöffnung vor der Einfahrt nach Danzig und traumhafter Liegeplatz!

Es lagen hier jedoch einige andere Yachten, die man nicht unbedingt in der Ostsee vermutet hätte. In erster Reihe eine Hanse 575 mit blauen Rumpf, dahinter weitere Boote in der 45-Fuß-Plus-Liga. Beste Gesellschaft für unser Traditionsschiff also. Auch wenn die Sanitäranlagen hier durch eine Art Fußgängerzone vom Steg getrennt sind, würde ich aus meiner Sicht behaupten, dass wir hier die bisher beste Hafenanlage vorgefunden hatten. Die Sanitärräume waren modern und sauber, das Personal freundlich und dann noch der atemberaubenden Blick auf die Stadtsilhouette.

Viel besser geht es kaum. Blick vom Altstadthafen Richtung Krantor.

Natürlich wollte die Besatzung die Stadt erkunden. Um dieses Unterfangen erfolgreich zu Ende zu bringen, stärkten wir uns in einer der bekannten Milchbars, in denen es traditionelle polnische Speisen zu vernünftigen Preisen gibt. Ich kannte diese Milchbars noch aus einer Studienreise aus dem Jahr 2012. Die Portionen waren, wie immer, mit einem durchschnittlichen Magen, nicht zu bewältigen. Komplementiert wurde der Hauptgang mit einer Suppe und einem landestypischen Getränk.
Nach der Stärkung trafen wir eine ehemalige WG-Kollegin von Fux. Diese hat polnische Wurzeln und war mit ihrer Familie gerade hier im Urlaub. Gemeinsam suchten wir wenig später ein Cafe auf, welches in einer für Kraftfahrzeuge gesperrten Seitenstraße lag.

Ambiente und Stimmung waren ideal und es wurde noch besser, denn das Café konnte ganz besondere, einzigartge polnische Biere anbieten. Nach dieser besonderen Kaffeehauskultur ging es sogleich weiter mit der Stadtführung bis der Hunger abends erneut einsetze. Obwohl es der Stadt nicht an Restaurants mangelte, stellte sich die Suche nach einem Platz für sechs Personen ohne Reservierung, als schwierig heraus. Am Ende wurde es eine Pizzeria, die nicht so glücklich darüber war, die Tische zusammenstellen zu müssen. Die Pizza schmeckte überraschend gut und auch der Wein, Typ Hausmarke, konnte sich sehen lassen. Nach dem Essen machten wir uns dann zu zweit auf, zurück zum Yachthafen. Am kommenden Tag sollte ein kompletter Crewwechsel stattfinden und so sinnierten wir noch über die vergangenen Wochen, bis spät in die Nacht.

## KAPITEL 19   DANZIG – GRENZE RUSSLAND 34SM

Während sich der Fux frühmorgens in Richtung Heimat aufmachte, traf ich am späten Abend auf ein bekanntes Gesicht. Das erste neue Crewmitglied, Muräne, fand sich am Abend an Bord ein. Dieser hatte noch seine Lebensabschnittsgefährtin Kristina für den Segeltörn dabei. Wir lösten am nächsten Tag erst mittags die Leinen. Mit mäßiger Brise ging es nun weiter Richtung Russland und so segelten wir mit gemütlichen 5 Knoten der Seegrenze von Polen entgegen. Gegen 19:00 Uhr erreichten wir eine Ankerstelle kurz vor der Grenze. Weil die weibliche Besatzung so ihre Schwierigkeiten mit dem Seegang hatte, beschlossen wir nach dem Ankern das Dingi für einen Landausflug zu nutzen. Da das gegenüberliegende Ufer den Anschein erweckte, dass dort eine ausgelassene Party stattfand, war das Beiboot schneller im Wasser als der Anker Grundberührung hatte. Wir fuhren zum Strand und erkannten schnell, dass die Lautstärke der Musik und die Größe des Partyzeltes nicht dem entsprachen, was wir dort vermuteten. Die Thekenbesatzung war in der absoluten Überzahl. Na gut. Etwas hinter den Dünen gelegen, vernahmen wir weitere musikähnliche Geräusche. Ein Grinsen überzog unser Gesicht, als wir erkannten, dass es hier nichts weiter gab als ein paar völlig verlassene Jahrmarktsstände. Zum Glück hatte der Skipper als Belohnung für den ersten Segeltag drei Bier von Bord mitgenommen.

Nachdem wir uns an einem polnischen „Hau den Lukas" versucht und unser Feierabendbier gemütlich am Strand ausgetrunken hatten, beschlossen wir dem Old Smuggler wieder Gesellschaft zu leisten. Der 6-PS-2-Taktmotor des Dingis tat seinen Dienst und brachte uns auf direktem Weg zu unserem schwimmenden Hotel. Bevor die Nachtruhe statt finden konnte, musste von der weiblichen Crew abermals die Bordapotheke zu Rate gezogen werden.

## KAPITEL 20      GRENZE P/R – KLAIPEDA 49SM

So wie wir eingeschlafen waren, wachten wir auch wieder auf. Der Wellengang war alles andere als ruhig, dies bekam besonders unserem weiblichen Crewmitglied nicht besonders gut. Muräne lichtete derweil den Anker und wir konnten uns die erste Stunde unter Motor an der russischen Grenze entlang hangeln.

Eine Stunde nachdem wir die Weiterreise begonnen hatten, war der richtige Kurs für das Segeln angepeilt. Nun würde es ruhiger werden, versprach ich der Mannschaft. Mit 15 Knoten Wind und Raumschots konnten wir ohne Probleme 7 Knoten über Grund fahren. Das sollten wir auch, da wir bis über die 12 Seemeilenzone hinaus mussten. In russische Gewässer wollten wir nicht unbedingt eintreten. Der Old Smuggler verwandelte den Wind in Vortrieb und die Crew wusste das zu schätzen. Immerhin hatten wir noch 160 Seemeilen vor uns. Auf unserer Reise sollte diese Teilstrecke die größte Etappe werden. Ich hatte die Crew bereits im Vorfeld darüber informiert, dass es zu einer Nachtfahrt kommen würde. Als wir am letzten Abschnitt an der Grenze Polen - Russland angekommen waren, holte uns ein Militärschnellboot ein. Ich hoffte, dass die nicht noch eine offene Rechnung wegen der Geschichte mit dem Sperrgebiet in Polen auf dem Zettel hatten. Dies war zum Glück nicht der Fall.

Einsatz bei Krängung, Old Smuggler auf dem Weg nach Klaipeda.

Nach ein paar Verständigungsschwierigkeiten bezüglich der Kommunikation, konnte dann auch der Funkkanal 10 geklärt werden. Wir teilten dem Militärschiff unseren Abfahrt- und Zielhafen, Heimatland sowie Crewgröße mit, anschließend wurde uns viel Glück gewünscht. Ich bedankte mich und das Militärboot drehte wieder ab in Richtung polnisches Gewässer.

Wir segelten ziemlich knapp an der 12 Meilenzone entlang, jedoch immer mit einem wachsamen Auge auf den Plotter und die See. Bis spät in die Nacht sollte das Segelkleid den Old Smuggler schmücken. Erst gegen Mitternacht schwenkte das Wetter zu ekelhaft um. Wir beschlossen die Fahrt zu verkürzen und unter Motor zu fahren. Zudem bauten wir uns zwischenzeitlich einen provisorischen Regenschutz auf. Denn es hatte bereits angefangen zu tropfen und da wir noch ungefähr 50 Seemeilen vor uns hatten, wollte diese Zeit keiner durchnässt bewältigen. Zu dem Regen gesellte sich dann auch noch die ansteigende Kälte. Unterdessen hatte die

Stimmung unter Deck, Schleudergang im Boot.

weibliche Besatzung sich aufgrund ihres Tablettencocktails und dessen einschläfernder Wirkung vor geraumer Zeit ein ruhiges Plätzchen unter Deck gesucht. Um die Nacht durchzustehen beschlossen Muräne und ich, uns im zwei Stundenrhythmus mit dem Steuern abzuwechseln. Es war alles andere als einfach alle zwei Stunden aufzustehen und in die Kälte an Deck zu gehen. Hilft ja nix, gutes Team. Als die Sonne sich am nächsten Morgen unserer annahm, kehrte auch wieder die gute Stimmung an Deck ein. Ab 8:00 Uhr wurde die Laune immer besser, da das Ziel Klaipeda zum Greifen nah war. Gegen 10:00 Uhr, konnten die Leinen schließlich klar zum Anlegen gemacht werden. Der Yachthafen in Klaipeda liegt sehr gut geschützt vor Wellen, weit hinter der Hafeneinfahrt. Um die Liegeplätze zu erreichen, muss manuell (das erledigt der Hafenmeister) eine Drehbrücke bedient werden. Diese alte Brücke wird mittels Drehstäben bedient. Dabei ist die Zufahrt eher für Boote bis 40 Fuß ausgelegt. Die eigentlichen Sanitärräume des Yachthafens befinden sich in einem Restaurantgebäude und sind eher dürftig ausgestattet. Jedoch hielt die litauische Hafenstadt für uns Architekturliebhaber eine Entschädigung bereit. Ein Teil der Altstadt besteht aus wunderschönen alten Fachwerkhäusern. Entspannt konnten wir dort das eine oder andere Bier genießen. Eine kleine Belohnung für die überstandenen Strapazen der letzten Nacht. Wir folgten dem Fluss Dané und sahen uns das historische Schiff „Meirdianas" aus dem Jahre 1948 an. Es beherbergt ein Restaurant und auch Kneipen befinden sich unmittelbar neben dem Wahrzeichen der Stadt. Für Freunde der baltischen Küche finden sich aber auch genügend andere Einkehrmöglichkeiten in der kurischen Hafenstadt.

Mit einer großen Tasse Kaffee in der Hand sagten wir dem Hafen von Klaipeda gegen 10:00 Uhr au revoir. Wind und Wetter schienen uns schon bei der Hafenausfahrt mitzuteilen, dass es heute nicht sonderlich gemütlich werden sollte. Der Wetterbericht teilte unsere erste Einschätzung ebenfalls. Wir segelten die ersten 20 Seemeilen an der Kurischen Nehrung, indem wir versuchten zu kreuzen. Dies ist leider nicht die größte Stärke vom Old Smuggler, der seine Sache jedoch gut meisterte. Gegen 15:00 Uhr entschieden wir uns dann notgedrungen für die dieselgetriebene Version der Wasserfortbewegung. Dieser Tag sollte somit in der Segelrangliste nicht ganz oben stehen. Die Aufgabe eines Skippers wurde hier kurz umgeschrieben. Ich bediente mich nun meiner Fähigkeit als Entertainer, um die Crew auf Liepaja einzustimmen. Die Stadt sollte laut meiner vorherigen Internetrecherchen ebenfalls ein gutes Nachtleben besitzen. Meiner Crew stellte ich außerdem einen Tag Pause in Aussicht, da mein Crewpärchen ein kleines Jubiläum zu feiern hatte. Liepaja bietet außerdem schöne Strände und etwas Zeit für Kultur in Form von Architektur. Die Stimmung war trotz meines Entertainments mittlerweile abwärts Richtung Bilge gesunken. Die Tatsache, dass wir den Hafen wieder einmal im Dunkeln anlaufen würden, verstärkte diesen Zustand zusätzlich. Die Verbindung zum Land wurde erst gegen 22:00 Uhr hergestellt. Irgendwas ist immer. Die Hafenanlage war ursprünglich nicht als Yachthafen konzipiert worden. Dies bemerkten wir vor allem am nächsten Morgen beim Hafenmeister. Das Büro war in einem Baucontainer, direkt am Stegbereich aufgestellt.

Eine meiner ersten Fragen, die nach den Sanitäranlagen, bestätigte meinen ersten Eindruck. Notdurft und hygienische Bedürfnisse konnten nur im gegenüberliegendem Hotel beantwortet werden. Unkostenbeitrag pro Besuch einen Euro. Interessant, dachte ich mir. Jedoch schien wohl auch meine Gesichtsmimik den Eindruck zu vermitteln , dass ich damit nicht glücklich war. Denn sofort nach dieser ersten Information erklärte mir der wirklich sehr nette Hafenmeister, dass in diesem Arrangement mit dem Hafen auch die Nutzung des Wellnessbereiches mit inbegriffen sei. Verwundert fragte ich, was das im Detail bedeuten würde. Antwort: Sauna, Schwimmbecken und ein Whirlpool mit Hafenblick. Diese durchaus interessante Auskunft teilte ich sogleich meiner Crew mit. Um die Leistungsförderung für die nächsten Tage zu verstärken, untermauerte ich meine Wellnessaussage noch mit einem guten Frühstück. Die frohe Botschaft wurde sichtlich gut aufgenommen. Unverzüglich rüstete sich die dreiköpfige Crew für die Entspannung und Körperpflege aus. Nachdem wir das Hotelfoyer in Richtung Wellnessbereich verlassen hatten, merkten wir aber, dass die erhoffte Akkuaufladung nicht so einfach werden würde. Vielleicht waren unsere Ansprüche auch einfach zu hoch, denn wir dürfen nicht vergessen, das ganze Paket gab es für nur einen Euro. Dafür war der Wellnessbereich doch ganz gut. Lediglich die hygienischen Aspekte konnten wir nicht ganz ausblenden. Aber trotz dieses Mankos, war so ein Sauna- und Poolnachmittag genau das Richtige. Abends schlichen wir noch eine Runde um die Häuser. Die angesagteste Bar befand sich am Ende nur 100 Meter von unserem Liegeplatz entfernt und hatte 24 Stunden am Tag geöffnet.

Schon früh am nächsten Morgen, drang die Musik des heutigen Windes mit Windstärke 7 über den Mast zu uns. Bei einem starken Kaffee erklärte ich, dass wir raus fahren könnten, es aber kein entspannter Wellnesstag wie am Vortag werden würde. Die Crew entschied sich trotzdem für das Auslaufen. Beim ersten Sichtkontakt mit den hohen Wellenbrechern vor Liepaja war allen Beteiligten schnell klar, dass wir heute  kämpfen würden. Dafür sorgte auch die besonders ungünstige Windrichtung aus Osten. Nach einer Stunde unter Segel entschieden wir, diese einzuholen und unseren guten alten Mercedes zu aktivieren. Gegen Wind und Welle ging es trotzdem mit knapp vier Knoten vorwärts. Der eigentlich angepeilte Hafen Roja rückte somit in weite Ferne. Wir entschieden uns spontan für einen kleinen Hafen namens Pavilosta.

Nach geschlagenen 8 Stunden und kleineren Beschädigungen im Großsegel, liefen wir abends unter stürmischer See die Hafenanlage an. Die Einfahrt war durch ihren schmalen Zugang und die ungünstigen Wetterbedingungen nicht sehr einladend. Hier machte sich jedoch unser Gewicht von über 10 Tonnen wieder positiv bemerkbar. Wir erreichten die Steganlage recht gut und freuten uns über andere Segler, die uns unverzüglich beim Anlegen halfen. Sympathisch und familiär war auch der erste Eindruck, der sich später in der dortigen Ortschaft bestätigte. Eine Art Café mit Restaurant in der Hafensiedlung nahm uns gleich freundlich auf. Hier trafen wir auch den Hafenmeister. Sehr freundlich erklärte er uns, dass wir die formalen Dinge erst am nächsten Tag  erledigen würden.

Bis zum nächsten Morgen stellte sich zu unserem Bedauern keine Besserung des Wetters ein. Auch der auflandige Wind war zum Auslaufen nicht sehr förderlich. Somit beschlossen wir, den recht sonnigen Tag alternativ mit Segel- und Schiffsreparaturen zu nutzen. Ein Grillabend sowie das anschließende Bier im Boot eines anderen Seglers, rundeten das Paket ab. Der Abend sollte nicht zu lange andauern, denn wir wollten am kommenden Tag 140 Seemeilen zurücklegen.

## KAPITEL 23    PAVILOSTA – ROJA 149SM

Um 5:00 Uhr hieß es, Leinen los. Anfänglich unter Maschine bis wir nach einer Stunde die Segel setzen konnten. Mit gutem Wetter aber noch recht ruppiger See konnten wir bis 20:00 Uhr 80 Meilen unter Segel meistern. Danach verschlechterte sich die Situation zunehmend. Aufgrund der Richtungsänderung im Golf von Riga steuerten wir nun  gegen Wind und Welle an. Daher entschieden wir uns, dass die letzten 50 Seemeilen unter Maschine das Wasser zu verdrängen. Die Nachtschicht wurde wieder abwechselnd in zwei Stundenschichten, von Muräne und mir, übernommen. Jedoch schlief der andere immer in Hörweite vom Wachgänger. Kristina hatte dieser Tag offensichtlich zu viel abverlangt. Bei ihr stellte sich schnell ein komatöser Schlaf ein. Verstärkt wurde dieser Zustand vermutlich durch die erneute Einnahme der Übelkeitstabletten.

Erst gegen 6:00 Uhr morgens konnten wir wieder festen Boden unter unsere Füße bekommen. Der Liegeplatz in Roja glich einem kleinem Fischereihafen. Er bot jedoch alles Nötige, auch einen herzlichen Hafenmeister. Unser weibliches Mitglied musste noch am selben Abend ein Flugzeug von Riga nach München erreichen. Da dies auf dem Seeweg nicht zu bewerkstelligen war, war der Bus die einzig logische Schlussfolgerung. Mit zwei Stunden Fahrt sicherlich auch vertretbar. Die Aufnahme von drei neuen Crewmitgliedern in Riga war ebenfalls in zwei Tagen geplant. Der Bordzuwachs sollte einerseits aus Paris kommen, Florent und Adrien, andererseits kam Verstärkung aus der bayrischen Landeshauptstadt. Spontan beschlossen Muräne und ich deshalb ebenfalls nach Riga mit dem Bus zu fahren und das Boot in Roja zu lassen.

Es wurde somit eine Wohnung für eine Nacht in Riga gebucht, um auch dem Nachtleben genügend Aufmerksamkeit zu widmen. Eine Tradition in Frankreich ist es Geschenke mitzubringen. Immer. Wir bekamen deshalb diesmal Schuhe mit eingebauten LED´s in der Sohle. Witzig für einen Partyabend in Riga. Auch unsere Wohnung in der lettischen Hauptstadt war ein Geschenk dank der guten Lage.

Pause für den Old Smuggler vor den Toren der Stadt Riga.

Gute Startbedingen für einen Abend in Riga. Es sollte anders kommen. Denn bei einem spontanen nächtlichem Anfall von Testosteronausschüttungen zwischen Muräne und Josef, wurden die Reisedaten meines ehemaligen Münchner Schulfreundes spontan geändert, Richtung Flughafen. Hinsichtlich der späteren räumlichen Gegebenheiten auf dem Boot vielleicht die bessere Entscheidung.

KAPITEL 24                    ROJA – RUHNU 33SM

Nachdem die nun vierköpfige Crew nach Roja zum Old Smuggler zurückgekehrt und die Bordverpflegung aufgefüllt war, ging es gegen 10:00 Uhr weiter zu der estnischen Insel Ruhnu.
Leider war absolute Windstille angesagt, was ein Fahren unter Motor bedeutete. Die direkte Ansteuerung verkürzte die Reisezeit. Unterschätzen sollte man die enge und flache Hafeneinfahrt von Ruhnu allerdings nicht.

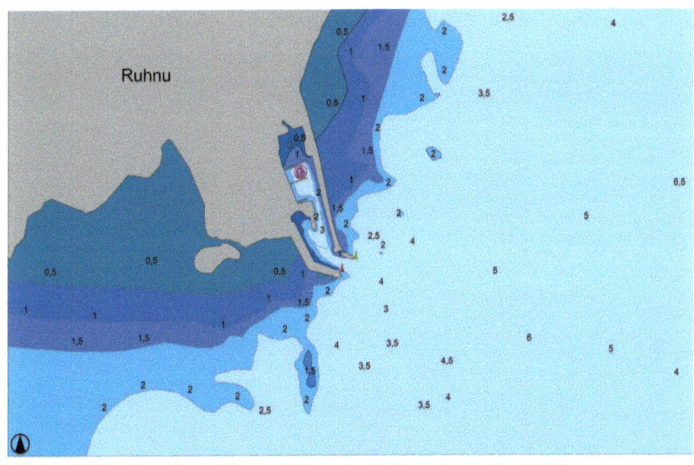

Nicht geschenkt, die Hafeneinfahrt von Ruhnu hat seine Tücken.

Auch der nahe Küstenbereich glänzt nicht mit den besten Wassertiefen. Während der Fahrt beschlossen wir bereits im Hafen ein kleines Grillfest zu veranstalten. Leider stellten wir fest, dass die für einen Grillabend benötigten Lebensmittel bei unserem morgendlichen Einkauf nicht in den Einkaufswagen gelegt wurden. Muräne schlug einen Lösungsansatz in Form von Angeln vor. Diese wenig erfolgversprechende Idee scheiterte schon im Ansatz. Stattdessen ruhte nun unsere Hoffnung auf einem Inselsupermarkt. Nach unserer Ankunft auf der Insel suchten wir zuerst den Hafenmeister auf. Während die Formalitäten geklärt wurden, erkundigten wir uns nach einer Einkaufsmöglichkeit. Der Hafenmeister teilte uns mit, es gebe nur einen kleinen Supermarkt, Typ „Tante Emma", der in Kürze schließen würde. Unverzüglich brachen wir deshalb mit Leihrädern des Yachthafens zu dem Ort der Hoffnung auf. Zeitgleich feuerte der Hafenmeister die Sauna im Hauptgebäude für uns an. Später sollten wir dort noch aufdringliche Gäste empfangen, die das Saunavergnügen etwas beeinträchtigen sollten.

Der Hafen von Ruhnu hat eine eigene Sauna mit Wasserblick.

Nachdem wir den Inselsupermarkt betreten hatten, bemerkten viele von uns erstmal, was es bedeutet, sich nur nach dem zu richten, was vorhanden ist. Das in unserem normalen Alltag übliche Überangebot von jeglichen Lebensmitteln und Waren hatten wir bisher für selbstverständlich erachtet. Doch irgendwie hatte es was, so einkaufen zu müssen. Je nach Jahreszeit leben auf der Insel Ruhnu zwischen 70 und 170 Menschen. Daher war die eingeschränkte Auswahl an Produkten nicht verwunderlich. Nach unserem Shoppingvergnügen genossen wir noch ein Bier vor dem Supermarkt, zusammen mit anderen Bewohnern der Insel. Schon bei der Heimfahrt mit unseren Leihrädern bemerkten wir die zuvor bereits erwähnten aufdringlichen Gäste. Denn mit dem Sonnenuntergang gesellten sich zunehmend aggressive Mücken um uns herum. Selbst das Grillfeuer half hier herzlich wenig um die ungewünschten Gäste zu vertreiben. Nachdem wir gegessen hatten, genossen wir die Sauna in der Hafenanlage mit Blick auf das Meer. Die Ruhepausen an der frischen Luft fielen aufgrund der Plagegeister allerdings sehr verkürzt aus. Der Aufenthalt in Ruhnu war trotzdem ein Highlight für alle Crewmitglieder.

Das Landesinnere von Ruhnu ist ein Freilichtmuseum.

Am nächsten Morgen ging es weiter zur nächsten Insel. Diesmal zu einer etwas größeren, namens Muhu. Mit Windstärke 5 verließen wir den Hafen von Ruhnu. Die 70 Seemeilen sollten innerhalb von 10 Stunden abgefertigt werden. Trotz des Windes war der Seegang recht ruhig, was wohl an der geschützten Lage der Strecke, zwischen dem Festland von Estland und der Insel Muhu, lag. Auch die Meeresströmung zeigte sich hilfreich. Das Einlaufen in den Hafen war wegen des auflandigen Windes jedoch nicht das Beste an diesem Tag. Hilfreich war in diesem Fall die gute Betonnung und die somit gute Sichtbarkeit der Einfahrt sowie die Aufteilung der Hafenanlage. Nicht optimal war die im Hafeneingangsbereich vorhandene Strömung. Der Hafenmeister stand zum Glück schon bei der Einfahrt bereit und half uns beim Anlegen, indem er uns eine windgeschützte Stelle zeigte. Die Anlage überraschte mit einem ungewöhnlich gutem Serviceangebot. Angefangen mit Leihrädern, über moderne und sehr gepflegten Sanitäranlagen bis hin zu unserem Highlight, den zwei Saunen (Männer und Frauen). Das Beste daran, die Benutzung war für Hafenlieger bereits im Preis inbegriffen. Nachdem die Hafenmodularitäten geklärt waren, benutzten wir die Leihräder um in die nächste Ortschaft zu fahren. Dort wollten wir die Bordverpflegung auffrischen sowie ein örtliches Bier in einer Kneipe trinken. Der Haken an der Lage im Hafen war jedoch, dass die nächste Ortschaft ca. 15 Kilometer von uns entfernt lag. Es wurde nicht lange lamentiert, sondern gleich die Reise dorthin angetreten. Kurz vor Ladenschluss erreichten wir einen Lebensmittelladen.

Die Suche nach einer Einkehrmöglichkeit gestaltete sich dagegen weitaus schwieriger. Die wenigen Kneipen, die es gab, waren aufgrund der abgelaufenen Saison bereits geschlossen. Wir entdeckten rein zufällig ein Restaurant für ein Belohnungsbier, das allerdings gerade im Begriff war zu schließen. Ich waltete meines Schiffsführeramtes und erklärte der Dame an der Tür, dass wir eine lange Seereise hinter uns hatten und uns ein kleines Bier als Willkommensgeste zustehen sollte. Ob es an meinem durstigen Blick oder meiner überzeugenden Wortwahl lag, kann ich nicht sagen. Jedenfalls durften wir das Restaurant betreten und an der Bar in den Genuss der örtlichen Braukunst kommen. Nachdem das erste Bier geleert war, kam sehr schnell die Frage nach einem zweiten auf. Zeitgleich servierte uns die Köchin ein kleines, aber feines Essen. Was wir noch nicht wussten, die Köchin war die Besitzerin und in Estland wohl auch wegen Ihrer Kochkünste nicht gänzlich unbekannt. Gestärkt und mit positiven Eindrücken versehen, traten wir die Reise zu unseren Schlafplätzen an.

Landgang auf der drittgrößten Insel von Estland. Einladung in Muhu.

Aufgrund der nicht geänderten auflandigen Windsituation, beschlossen wir an diesem Tag, einen kleinen Zoo zu besuchen. Dieser verfügte über Alpakas, Kängurus, Strauße und weitere tierische Exoten. Als besonderes Souvenir gab es noch ein frisch gelegtes Straußenei. Nachdem wir uns wieder mit unseren Leihrädern bewaffnet hatten, ging es zurück zum Yachthafen und zu dem Old Smuggler.

Der Wind hatte inzwischen sogar an Stärke zugelegt und bestätigte uns in der getroffenen Entscheidung, im Hafen zu bleiben. Wir beschlossen ein gemütliches Grillfest mit anschließender Herrensauna zu veranstalten.

Auch am darauffolgenden Morgen hatte der Wind und auch die auflandige Windrichtung nicht nachgelassen. Nach dem Ablegen erkannten wir sehr schnell, dass unsere 38 Dieselpferde für die Hafenausfahrt bei weitem nicht ausreichen würden. Mit Mühe und Not konnten wir wieder an einem Steg anlegen und entschieden uns zwangsläufig dafür noch einen gemütlichen Hafentag einzulegen. Der nächste Morgen sollte zum Glück Besserung bringen.

Auflandiger Wind in Kuivastu stoppte unser Auslaufmanöver.

Der Wind hatte über Nacht gedreht, sodass wir ohne Probleme den Hafen Kuivastu verlassen konnten. Mit Windstärke 5 steuerten wir die estnische Küste entlang, Port Dirhami an. Dank dem halben Wind, segelten wir mit durchschnittlich 7 Knoten, fast 60 Seemeilen.

Ein gute Crew ist der Schlüssel zum Erfolg.

Aufgrund der Vortage hatten die Wellen an Intensität wieder zugenommen. Kurz vor der Hafeneinfahrt bemerkten wir dann, dass etwas Dampf unter dem Niedergang herauskam. Wir stoppten die Maschine und ich übergab den französischen Zeitgenossen das Steuer, um mit der Muräne nach dem Rechten zu schauen. Da wir noch etwas vom Ufer bzw. vom Hafen entfernt waren, hatten wir ein wenig Luft. Ich erklärte den Jungs, dass Sie uns Bescheid sagen sollten ‚wenn wir zu nah ans Ufer kämen damit wir notfalls rechtzeitig wieder raus segeln können. Ebenfalls bat ich sie darum die Tiefen im Blick zu halten.

Nach einem Blick in den Motorraum stellten wir fest, dass sich ein Kühlwasserschlauch gelöst hatte. Da die Montage aufgrund des Wellengangs recht umständlich war, hatte Muräne und ich die Zeit nicht so recht im Blick. Als wir das Problem behoben und neues Wasser in den Kühlkreislauf gefüllt hatten, gingen wir wieder in die Pflicht und bemerkten, dass wir viel zu nah an den Felsen der Küste waren. Gefühlt konnten wir uns bereits mit den Füßen abstoßen. Nachdem wir den Motor neu gestartet und möglichst schnell Abstand zwischen uns und die Felsen gebracht hatten, mussten wir die gefährliche Situation mit unseren zwei Steuermännern besprechen. Mit französischer Gelassenheit äußerten die zwei nur, dass es aus ihrer Sicht nicht knapp gewesen sei, sondern noch genug Platz zwischen Boot und Felsen gewesen wäre. Merke: Vorher deutlich erklären, was knapp bedeutet.

Problematische Hafensituation vor Port Dirhami.

Nach dem Anlegen im neu gestalteten Hafen von Dirhami machten wir uns auf ein Restaurant zu besuchen, das schon vorher auf See ausgewählt wurde. Adrien und Florent hatten dort bereits auf dem Boot telefonisch reserviert. Die gute Lage und die damit verbundene gute Aussicht auf das Meer und die Dünen ließen uns schnell den

Zwischenfall oder vielmehr den Stress vor der Hafeneinfahrt vergessen. Nachdem wir wieder sehr gut gegessen
hatten, reservierte ich die Sauna im Hafen für uns. Leider
war diese nicht im Hafengeld inbegriffen. Mit 20 Euro
pro Stunde gönnten wir uns aber trotzdem dieses Ver-
gnügen. Immerhin erhielten wir einen kleinen Nachlass,
30 Euro für 2 Stunden. Sauna, Ruheraum und Duschen
waren neuwertig und sauber, zudem verfügte die Sauna
über ein Fenster mit Meerblick. Natürlich mussten wir
zwischen den Saunagängen ins Meer springen. Das Intermezzo Hafeneinfahrt rückte mit jedem Aufguss zunehmend in den Hintergrund.

## KAPITEL 27          DIRHAMI – TALLINN 80SM

Aufstehen um 5:00 Uhr! Die morgendliche Stimmung war
gut und wir entschlossen möglichst schnell nach Tallinn
aufzubrechen. Der Grund für das frühe Aufstehen war der
Wetterbericht, der schon bald für schlechte Laune sorgen
sollte. Frühstück gab es deshalb erst nach dem Ablegen.
Wie immer war der Zeitdruck ein schlechter Ratgeber.
Eine Wahl hatten wir jedoch nicht, da wir in Tallinn ein
Date mit einem neuen Crewmitglied, gegen 20:00 Uhr,
hatten. Mit umgerechnet ca. 80 Seemeilen war dieser Abschnitt der Reise auch nicht gerade als kurz zu bezeich-
nen. Wolken und ein nicht so idealer Wind begleiteten
uns bis zur Mittagszeit. Es sollte allerdings noch schlim-
mer werden. Denn durch eine Kursänderung Richtung
Osten mussten wir nun gegen Wind und Welle fahren.
Genau an diesem Wendepunkt, der uns akustisch mit Na-
gelgeräuschen begleitete, als die Segel eingeholt wurden

und der alte Unimogmotor sein Werk verrichtete, wurde der Old Smuggler nicht nur von unten, sondern auch von oben mit Wasser beglückt. Es begann zu regnen. Eigentlich eher zu schütten. Wir errichteten einen Regenschutz, um während der Fahrt wenigstens etwas geschützt zu sein. Doch wir ahnten, dass die nächsten sechs bis sieben Stunden kein Zuckerschlecken werden würden. Der Old Smuggler kämpfte sich unermüdlich weiter gegen die Wellen Richtung Tallinn. Mittlerweile nahm nicht nur der Regen, sondern auch der Schiffsverkehr zu. Die allgemeine Laune war unter diesen Umstände jedoch erstaunlich gut. Erst als die französische Fraktion die Bordverpflegung prüfte, ging ein Raunen durch das Boot. Wenn man mit Franzosen unterwegs ist, gibt es eine Reihe an Dingen, die beachtet werden müssen. Eine der wichtigsten Regeln ist, dass man nur Wein aus Frankreich dabei haben sollte, im besten Fall von einem Château. Des Weiteren ist die Wahl der Lebensmittel zu beachten. Fromage gilt als Schlüssel für die Basisverpflegung, dieser sollte ausschließlich aus französischer Produktion stammen. Diskussionen mit der Grand Nation führen zu keinem Ergebnis. Es ist wie mit deutschem Bier und Brot, hier sind wir ja auch ein wenig eigen. Mit Musik und der Planung des Abends verschafften wir uns weiterhin gute Laune. Unser neues Crewmitglied namens Birgit, eine Freundin aus Österreich, war wie geplant gegen 20:00 Uhr am Yachthafen. Wir nicht. Die Hafeneinfahrt stellte keine besonderen Probleme dar, lediglich die dortigen Liegeplätze waren ein wenig versteckt. Erst gegen 22:00 Uhr gelang uns die Allianz zum Festland. Da das Hafenbüro zu so später Stunde nicht mehr besetzt war, besorgten wir uns den Pin-Code für die Sanitäranlagen von einem anderen Segler. Auch an diesem Abend in Tallinn sollte der Regen unser ständiger Begleiter sein. Nachdem wir uns alle vorgestellt hatten, der französische Teil kannte das neue Besatzungsmitglied noch nicht, ging es auf die Suche nach einem nächtlichen Snack. Da es jedoch schon etwas spät war, gestaltete sich dieses Unterfangen als schwierig. Aber es gelang am Ende dennoch. Mit vollem Magen ging es dann weiter in die eine oder andere Bar in Tallinn.

Am nächsten Morgen beschlossen wir aufgrund der Wetterlage noch einen weiteren Tag im Hafen zu bleiben. Der Wind hatte an Intensität zugenommen und pfiff laut im Masttop. Außerdem mussten die Vorräte nach französischer Art aufgefüllt werden und fernerhin wollten wir in die Yachtsauna, deren Nutzung in den 45 Euro Übernachtungskostenpauschale enthalten war. Der Saunabereich im Hauptgebäude war in zwei separate Saunabereiche unterteilt. Einer für das weibliche und das andere modere Sudatorium für das männliche Geschlecht. Birgit, unser neues und auch einziges weibliches Crewmitglied, wollte allerdings nicht alleine in die Frauensauna, also beschlossen wir, die außer uns anwesenden Personen, um Erlaubnis zu bitten. Dies führte, wie erwartet, zu einer erfreulichen Rückmeldung. Hauptgebäude und Sauna können im Nachhinein als positiv bewertet werden. Die Sauna hatte sogar einen Blick Richtung Hafen und Stadt. Lediglich die Sanitärräume im direkten Bootsbereich ließen zu wünschen übrig. In dieser baucontainerähnlichen Anlage war ebenfalls eine Sauna, die aber eher als Brutstätte für Keime bezeichnet werden sollte. Zum Glück war die Sauna im Hauptgebäude das genaue Gegenteil.

Als wir am nächsten Morgen aufwachten, hatte der Wind nicht nachgelassen und stimmte sein Lied unüberhörbar weiter im Rigg. Mit ungefähr 15 m/s Windgeschwindigkeit teilte die Wetterapp unsere erste Einschätzung. Wie bereits in Riga war hier der Zeitdruck unser größtes Problem. Denn morgen sollte unsere französische Abteilung bereits wieder Richtung Paris ausklarieren. Der geplante Abflughafen Helsinki war allerdings fast 60 Seemeilen von uns entfernt. Nach einer kurzen Erklärung meinerseits, dass wir mit etwas Welle und Wind zu rechnen hatten, entschieden wir uns einstimmig dafür abzulegen. Jedoch sah Birgit mich anfänglich mit einem etwas eingeschüchterten Blick an. Sie war noch nie zuvor auf See gewesen. Hinzu kam, das ein anderer Segler ihr vor dem Aulaufen „good luck" zurief. Nicht sehr förderlich für diesen neuen Teil der Crew. Nachdem alle Vorbereitungen wie ein Reff im Großsegel sowie die „Gurtpflicht" an Bord abgeschlossen waren, fuhren wir los Richtung Helsinki. Der Wind kam von Osten, 90 Grad und so konnten wir anfangs, mit der schützenden Landabdeckung vor Tallinn, gemütliche 7 bis 8 Knoten Fahrt machen. Die Stimmung war gut, solange die Landabdeckung vorhanden war. Gegen 12:00 Uhr sollte sich dies schlagartig ändern. Der Old Smuggler beschleunigte nun in den zweistelligen Knotenbereich und die Wellenhöhe nahm deutlich zu. Mit Galgenhumor fragte Florent nach einem Testament „heute sterben?". Muräne erklärte ihm rasch, dass wir heute natürlich nicht sterben werden. Wir sind unsterblich. Daraufhin erwiderte ich, dass diese Regelung nur für die Muräne und mich gilt.

Nach einer Stunde fasste die Crew mehr und mehr Vertrauen in das Boot und Adrien traute sich den Old Smuggler zu steuern. Sichtlich mit Freude, aber auch mit Respekt. Inzwischen waren einzelne Wellen auf bis zu vier Meter angewachsen, was zu der einen oder anderen unfreiwilligen Dusche führte. Stimmung und Laune waren jedoch erstaunlicherweise immer noch bestens. Da wir aber aufgrund der Strömung und Windverhältnisse Helsinki nicht direkt anlaufen konnten, entschieden wir uns für den am nächsten geeigneten Hafen namens Inkoo.

Freude am Segeln (v.l. Florent, Muräne, Birgit, Skipper und Adrien).

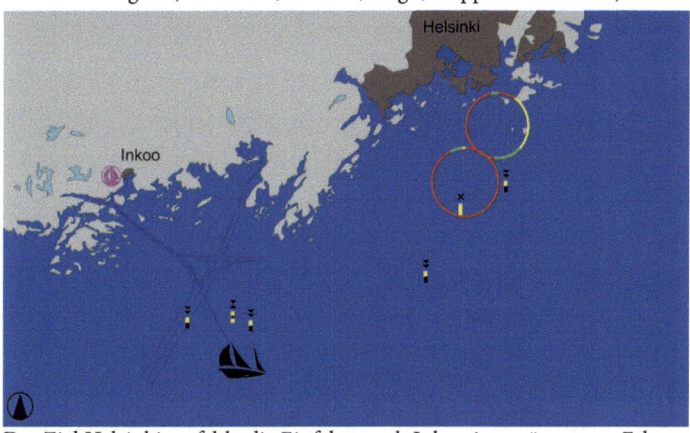

Das Ziel Helsinki verfehlt, die Einfahrt nach Inkoo ist gesäumt von Felsen.

Gut geschützt vor Wind und Welle lag der Yachtclub hier im Inneren des Landes. Es gelang uns sogar bis zur Hafeneinfahrt zu segeln. 56 Seemeilen später, trafen wir um 16:00 Uhr dann an einem sehr leeren Hafen ein, denn einige der Boote waren bereits aus dem Wasser an Land verfrachtet worden. Ein Hafenmeister war weit und breit nicht in Sicht, die Anmeldung erfolgte deshalb in der ortsansässigen Bücherei. Mit 25 Euro Rabatt für eine Nacht und dem Code für die Sanitäranlagen beschlossen wir die Bootssauna zu aktivieren und den Tag anschließend mit einem Grillabend zu beenden. Dies war schließlich der letzte Abend an Bord von Florent und Adrien.

Nachdem am nächsten Tag unsere zwei Franzosen den Bus Richtung Helsinki genommen hatten, kümmerten wir uns um das in Mitleidenschaft gezogene Großsegel. Windstärke 8 hatte offensichtlich einen bleibenden Eindruck hinterlassen.

## KAPITEL 29                    INKOO – INKOO 34SM

Wir liefen um 8:00 Uhr aus, um Birgit, die in einer Woche leider nicht sehr viel gesegelt war, noch einen Segeltag zu spendieren. Sobald wir das schützende Binnengewässer verlassen hatten, erahnten wir, dass ein Ansteuern von Helsinki aufgrund der Windrichtung aus Osten, nicht möglich sein würde. Das Fahrwasser ist großzügig und auch sehr lange betonnt. Hier sollte man unbedingt auf dessen Einhaltung achten, teilweise sind die Felsen nur leicht unter der Wasseroberfläche und mit bloßen Augen kaum zu erkennen. Mit einem Reff und 6 Knoten fuhren wir somit nur eine kleine Runde, um gegen 14:00 Uhr wieder in Inkoo anzulegen. Es war 16:00 Uhr als wir die Bezahlung der weiteren Liegegebühr beglichen hatten und den Bus Richtung Helsinki nahmen. Dort warteten die neuen bzw. alten Crewmitglieder Marco und Fux auf uns. Da wir in Helsinki zwei Tage bleiben wollten, entschieden wir uns spontan eine Wohnung anzumieten und genau dort traf der Crewzuwachs am frühen Abend ein. Ge-meinsam nahmen wir die Abendgestaltung in Angriff.

## KAPITEL 30                  INKOO – JUSSARÖ 76SM

Nach den zwei Tagen in Helsinki quittierten Birgit und Muräne ihren Dienst an Bord, da sie einen Flug von Helsinki Richtung Wien und München gebucht hatten. Die neue Crew bestand somit nach der Rückreise zum Hafen Inkoo neben mir, aus Fux und Marco. Gegen 8:00 Uhr, nach der morgendlichen Katzenwäsche, steuerten wir wieder aus der geschützten Küstenzone auf das offene Meer. Der Wind hatte zwar abgenommen, jedoch war die Richtung gleichbleibend nach Norden. Obwohl nur Windstärke 4 bis 5 in die Segel blies, konnten wir mit teilweise über 7 Knoten unsere Reise fortsetzen. Es zeigte sich eine eindrucksvolle Landschaft zwischen Helsinki und unserem nächsten Ziel, der Insel Jussarö. Die Inselgruppe um Orslandet mit unzähligen kleinen Inselgruppen lag Steuerbords von uns. Unzählige Untiefen und Felsen umfuhren wir großzügig. Wetter und Welle waren diesmal auf unserer Seite. Nach fast 80 Seemeilen erreichten wir dann unser Ziel. Das unbewohnte Eiland tauchte zeitgleich mit dem Sonnenuntergang vor uns auf.

Gespenstisch Atmosphäre lag in der Luft als wir die Bucht von Jussarö erreichten. Aufgrund der Jahreszeit befanden wir uns schon in der Nachsaison, was dazu führte, dass der Hafen vollkommen verlassen war. Während des Anlegens wurde die Insel automatisch in ein künstliches bläuliches Licht getaucht. Unheimlich, jedoch schön. Wir beschlossen mit Taschenlampen bewaffnet einen kleinen Ausflug in die Dunkelheit zu unternehmen. Nach unserer kleinen Nachtwanderung, die uns an verlassenen Häusern und Industriegebäuden vorbeiführte,

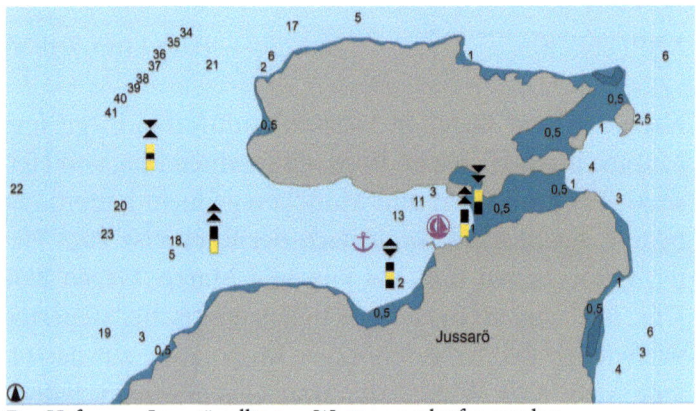

Der Hafen von Jussarö sollte von Westen angelaufen werden.

Liegeplatz in Jussarö.

musterten wir noch die Sanitäranlagen. Latrinenstimmung, Punkt. Verwunderlich war jedoch, dass die Insel auch über eine Holzhütte mit eingebauter Sauna verfügte, die allerdings verschlossen war. Mit einer unvorstellbaren Ruhe vor Ort, belohnten wir uns für das heutige gelungene Abenteuer, noch mit einem Glas Wein an Bord.


KAPITEL 31                    JUSSARÖ – HANKO 45SM

Mit Sonnenaufgang lösten wir uns von der Greifboje und segelten sofort zu unserem nächsten Ziel Hanko, die südlichste Stadt Finnlands. Schon bei der Törnplanung war dieser Hafen ein Highlight für mich.
Wolkenlos und mit gemütlichen 6 Knoten schob sich unser Zweimaster Richtung Norden. Temperatur und Stimmung stiegen wie Reinhold Messner auf einen 8.000er. Kurz vor Hanko mussten wir dann auf die Hilfe fossiler Brennstoffe umsteigen, um den Yachthafen sicher anlaufen zu können. Die Anlegeplätze waren auf einer vorgelagerten Insel zu finden, nur mit einem Wassertaxi (Benutzung kostenlos), konnte man vom Yachthafen nach Hanko gelangen. Schon bei der Einfahrt in den Yachthafen merkte auch die Crew, dass dies ein besonderer Hafen sein würde. Wir suchten uns in aller Ruhe einen schönen Liegeplatz aus, der Hafen war zu dieser Jahreszeit so gut wie leer. Nachdem die Formalitäten im Hafenbüro erledigt waren, erkundeten wir das Gelände. Toiletten, Duschen und andere Einrichtungen der Hafenanlage waren absolut top.
Zusätzlich setzte der Yachtclub noch ein besonderes Highlight in Form von mehreren Saunahütten mit Meerblick.

Einige von den exklusiven Saunahäusern konnte man privat mieten, zwei der Saunen waren kostenfrei und nach Geschlechtern getrennt. Saisonal bedingt war die normale Sauna in der Marina für uns somit privat, da keine weiteren Gäste vorhanden waren. Die Ruheräume sowie eine Terrasse vor der Sauna vermittelten absolutes Wellnessgefühl. Die Sauna war relativ groß und mit einem Sichtfenster zum Meer ausgestattet, so stand einem gelungenem Aufguss am Abend absolut nichts mehr im Weg. Zuvor mussten aber die Vorräte, die der deutsch-französischen Freundschaft geopfert wurden, wieder auf den

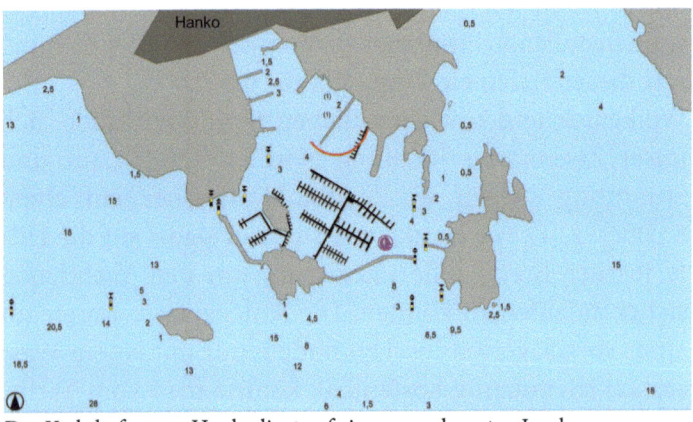

Der Yachthafen von Hanko liegt auf einer vorgelagerten Insel.

Saunahütte in Hanko.

Stand der Dinge gebracht werden. Mit dem Yachthafen-
taxi ging es also ans Festland. Das hatte ich so auch noch
nie erlebt. Auch die Bäderarchitektur von Hanko, wie
das Hangon Casino, war ein zusätzliches Plus zu diesem
schönen Hafenambiente. Mit vollen Einkaufstüten ging
es schließlich zurück zum Yachthafen und ab in die Sauna.

## KAPITEL 32        HANKO – JURMO 49SM

Leider viel zu früh verließen wir nach nur einer Über-
nachtung diesen schönen Ort, um unsere Tour fortzu-
setzen. Mit einer angenehmen Brise ging es weiter zum
nächsten Traumziel, der Insel Jurmo. Vorbei an unzälig
vielen weiteren Inseln, die mitten im Meer lagen.
Es empfiehlt sich auf dieser Strecke, vorab die Seekarten
gründlicher als sonst zu studieren. Denn unzählige Felsformationen und Untiefen liegen auf diesem Strecken-
abschnitt versteckt. Eine atemberaubende Naturkulisse
präsentierte sich uns bei bestem Wetter. Die Reisege-
schwindigkeit pendelte sich bei 5 bis 6 Knoten ein, perfekt um diese Orte zu genießen.
Der Liegeplatz auf Jurmo empfing uns mit einer freien
Platzwahl und guten Anlegebedingungen. Unbedingt zu
beachten ist die Einfahrtsbetonung, falls man sich nicht
unfreiwillig von seinem Schiff trennen möchte. Mit dieser traumhaft schönen Anreise wäre es eigentlich schon
genug des Guten gewesen. Als wir den Old Smuggler an
die Leine genommen hatten, beschlossen wir die Insel mit
ihren gefühlten fünf Einwohnern einen Besuch abzustat-
ten. Die Mannschaft war begeistert, schließlich kann man
nur mit einem Boot solch abgeschiedene Orte bereisen.

Während sich die Sonne farbentechnisch nochmal ins Zeug legte, erreichten wir nach ungefähr 15 Minuten die erste und einzige Siedlung der Insel. Die einsame aber wunderschöne Erhebung Jurmo im finnischen Archipel von Turku bezauberte uns alle gleichermaßen.

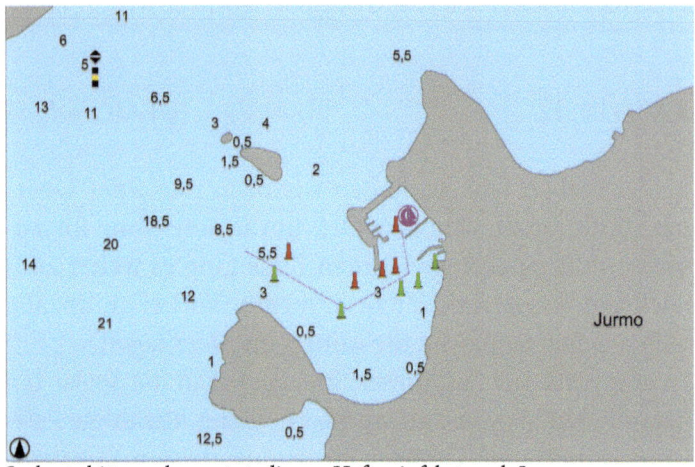

Seekarte bitte vorher gut studieren, Hafeneinfahrt nach Jurmo.

Old Smuggler im Hafen von Jurmo.

Auf einer kleinen Anhöhe, neben den wenigen Häusern lag eine kleine Dorfkapelle mit Friedhof. Auf dem Rückweg konnten wir dann doch das ein oder andere Lebenszeichen in Form von Licht in den Häusern erkennen. Wir wanderten an menschenleeren Stränden entlang zurück zum Hafen und genossen die Einsamkeit dieser Insel.

Die Sonne war ebenfalls auf dem Nachhauseweg. Der Sonnenuntergang wurde traditionell mit einer Grillverkostung, nahe unser schwimmenden Herberge, besiegelt.

Sonnenuntergang am Strand von Jurmo.

## KAPITEL 33 JURMO – KRUMLINGE (ALAND) 60SM

Am nächsten Tag starteten wir mit nahezu perfektem Wetter gegen 8:00 Uhr zu einer weiteren Traumtour Richtung Krumlinge. Krumlinge ist eine Insel zwischen dem finnischen Festland und Mariahamn, der größten Insel Finnlands. Unter Motor verließen wir gemächlich den Hafen und die pittoreske Insel Jurmo. Mit der Sonne an Deck setzten wir die Segel, nachdem wir die nicht ungefährliche Hafensituation gemeistert hatten. Durch die vielen Inseln ergab sich eine fast spiegelglatte See. Mit gut 6 Knoten schob sich unser 10-Tonnen-Gefährt gemütlich und fast auf perfektem Kurs zu unserem nächsten Ziel. Die vorbeiziehende Landschaft mit ihren vielen abwechslungsreichen Eindrücken, machte den Törn angenehm unanstrengend. Lediglich die Strömungen beim Passieren von einigen Felsformationen sollte man immer im Auge behalten. Der Blick auf die Seekarten ist deshalb eine unabdingbare Tatsache, da die Tiefen hier sehr variieren. Teilweise befinden sich die Felsen nur wenige Zentimeter unter der Wasseroberfläche und wir hatten nicht vor einen Belastungstest für Boot und Crew durchzuführen. Obwohl an diesem Tag das Wetter und die See ideale Voraussetzungen zum Segeln bereitstellten, waren wir so gut wie die Einzigen auf dem Wasser. Es stellte sich zeitweise so etwas wie eine Robinson-Crusoe-Stimmung ein. Gegen 15:00 Uhr endete diese Stimmung, da wir zwischen Seglinge und Krumlinge auf regen Fährverkehr trafen. Der von uns gewählte Yachthafen lag im oberen Teil von Krumlinge. Wir steuerten diesen gemächlich an und bemerkten schnell, dass diesen Hafen kein einziges Boot zierte. Wir legten gemütlich an und wurden von der Hafenmeisterin sehr herzlich Willkommen geheißen. Zu unserer großen Freude besaß die Hafenanlage sogar eine Sauna, die wir sogleich buchten. Aufgrund der Nebensaison und des daraus resultierenden eingeschränkten gastronomischen Angebots genossen wir unsere Frischgetränke artgerecht auf der Steganlage und kochten, was die Bordküche hergab. Den Abend ließen wir beim späteren Saunierungsprogramm ausklingen.

Unser Ablegemanöver führten wir gegen 8:00 Uhr in der Früh durch. Auch der heutige Tag schien uns wohlgesonnen zu sein. Mit wenig Wolken aber genügend Wind konnten wir ohne Probleme den kleinen Abschnitt von ungefähr 50 Seemeilen meistern. Mariahamn ist ein großer Schiffsknotenpunkt und sollte dementsprechend eine passable Hafenanlage besitzen. Wir freuten uns diesmal vielleicht ein Bier in einer Hafenklause zu uns nehmen zu können. Inzwischen waren auch unsere Bordvorräte auf ein Minimum in Form von Dosennahrung geschrumpft. Da ich der Mannschaft wieder einen Saunagang in Aussicht stellen konnte, wurde die Ernährung auf Mensaniveau ein wenig kompensiert. Die Landschaft zog malerisch an uns vorbei und wir erkannten schon früh den deutlich zunehmenden Schiffsverkehr. Die letzte Stunde fuhren wir unter Verwendung von nicht nachwachsenden Rohstoffen in den Hafen von Mariahamn. Hier konnte man bereits von weitem viele Masten erkennen. Der Eindruck einer größeren Anlage bestätigte sich zweifellos schon beim Einlaufen. Nachdem wir vorbildlich angelegt hatten, erkundeten wir den großen Yachthafen mit der Erkenntnis, dass die Sauna gegen 19:00 Uhr bereits schließen würde. Schnell bewaffneten wir uns deshalb mit den benötigten Saunautensilien. Die Sanitäranlagen spiegelten den Charme der 70er wieder, jedoch großzügig dimensioniert. Durch ein Fenster in der Sauna genossen wir den schönen Blick auf den Hafen, welcher durch die Anwesenheit vom Old Smuggler veredelt wurde.

Gestärkt und erholt wollten wir uns anschließend dem

nächsten Verlangen widmen. Die Nahrungsaufnahme gestaltete sich allerdings schwieriger als gedacht. Die einzige Möglichkeit unseren Hunger in der Nähe zu stillen, stand in Form eines Edelrestaurants am Hafen. Da dies nicht ganz unseren Vorstellungen entsprach, suchten wir das Weite in der bereits ausgestorbenen Hafenaltstadt. Zu unserem Glück hatte noch ein übertreuerter Supermarkt auf. Als die Crew das Neonlicht des Supermarktes erblickte, verbesserte sich gleich die Stimmung. Wir erledigten den Einkauf in Höhe eines Wochenlohns innerhalb von 20 Minuten. Der Tag wurde somit als gelungen notiert.

KAPITEL 35 MARIAHAMN – GRADÖ 54SM

An diesem Tag wollten wir unseren letzten Halt vor Stockholm machen, wo wir erneut Crewzuwachs erwarteten. Langsam kam es uns seltsam perfekt vor. Optimale Segelbedingungen, der Wettergott schien uns wohlgesonnen. Mit durchschnittlich 7 Knoten chauffierte uns der Old Smuggler in Richtung des schwedischen Festlandes. Der Wellengang wurde ein paar Stunden etwas rauer, was unser Wasserfahrzeug aber nicht die Bohne interessierte.

Der Hafen von Mariahamn verfügt über viele Liegeplätze.

Mit Windstärke 5 bis 6 bewegten wir uns mit dem Amwindkurs in die Einfahrtsbucht bei Villösan/Arholma.
Aufgrund der Strömungen und der unruhigen See war
die Crew nochmal gefordert. Sobald wir jedoch im Bin-
nenbereich waren, beruhigte sich die See schlagartig. Dafür galt jetzt unsere ganze Aufmerksamkeit der Berufsschifffahrt, die hier rege ans Werk ging. Der Unterschied
zu den letzten Tagen war enorm. Obwohl ich unter normalen Gegebenheiten anders geurteilt hätte, kam es uns
zunehmend lebhaft vor. Dichte Uferbebauungen, Motorboote, Fähren und was alles noch schwimmen konnte,
kreuzte unser Kielwasser. Unter Maschine legten wir
schließlich im Hafen von Gradö an. Auch hier stellten
wir rasch fest, dass die Segelsaison wohl schon einige
Tage zuvor beendet wurde. Die kleine Marina war vollkommen verlassen. Eine Telefonnummer am Hafenmeisterbüro wurde gewählt und es wurde uns bestätigt,
dass es außer Strom und einem WC keinen Service gibt.
Dafür alles gratis. Nach einem Rundgang durch Gradö
und den Besuch im Dorfsupermarkt wurde der hafen-
eigene Grillplatz auf Herz und Niere geprüft. Das zuvor
erworbene und überteuerte schwedische Bier schmeckte
wässrig, tat der Stimmung aber keinen Abbruch.


KAPITEL 36             GRADÖ – STOCKHOLM 54SM


Unser heutiges Ziel Stockholm und auch das morgendliche gute Wetter versetzte die Crew schon früh in aller-
beste Stimmung. Nachdem wir Gradö mit Hilfe unseres
Dieselfreundes Richtung schwedische Hauptstadt verließen, um auch dort für eine Feinstaubdiskussion zu sorgen,

wurde sogleich das Frühstück serviert. Nach drei Stunden unter Motor entschieden wir uns trotz mäßigem Wind, der Kraftstoffverbrennungseinrichtung eine Pause zu gönnen. Mit durchschnittlich 4 bis 5 Knoten segelten wir ungeachtet des immensen Schiffsverkehr Richtung Stockholm. Zahlreiche Fähren und Kreuzfahrschiffe stellten uns gelegentlich vor kleine Herausforderungen, da diese vereinzelt unser Bugwasser kreuzten. Vier Stunden später aktivierten wir wieder unseren Motorfreund, da der Wind nachgelassen hatte und sich die Jugendstilperle Stockholm näherte. Um 20:00 Uhr erreichten wir unseren zentralen Hauptstadthafen in Stockholm und nahmen fast zeitgleich ein weiteres Crewmitglied auf. Nachdem unser Zuwachs namens Ingo eine kleine Bootseinweisung erhalten hatte, erkundete die nun vierköpfige Crew noch das Nachtleben von Stockholm.

Auf dem Weg nach Stockholm, Auszeit im Bugkorb.

Nach einem Tag Sightseeing in Stockholm und der Auffrischung der Bordverpflegung liefen wir etwas verspätet zu unserem nächsten Ziel Nymashamn aus. Aufgrund der verwinkelten Wasserstraßen auf dieser Strecke war an Segelsetzen nicht zu denken. Aber auch das Wetter ließ uns windtechnisch an diesem Tag im Stich. Die Landschaft tröstete uns allerdings mit Abwechslung und Schönheit.

Durch unsere verspätete Abfahrt erreichten wir den Seehafen Nymashamn erst gegen 21:00 Uhr. Die dortige Einfahrt gestaltete sich als nicht ungefährlich, denn diese Hafensituation war bei der bereits einsetzenden Dunkelheit nicht mehr eindeutig zu erkennen. Begrenzt wurde der Hafen nur durch einen ca. 30 Zentimeter hohen Wellenbrecher. Als wir die Einfahrt ohne Probleme gemeistert hatten, beschlossen wir nach dem Anlegen noch eine Kleinigkeit auswärts zu uns zu nehmen. Leider ohne Erfolg. Die kleine Hafenstadt gab uns zu dieser Uhrzeit keine Möglichkeit mehr unseren Hunger zu stillen. Somit wurde die gute alte Bordküche nochmals aktiviert.

Wie so oft, atemberaubende Sonnenuntergänge.

Am Morgen legten wir schon sehr früh ab und stellten fest, dass die Hafenausfahrt von Nymashamn auch bei Tageslicht nicht geschenkt war. Sobald wir die schützenden Wellenbrecher und den Hafen hinter uns gelassen hatten, wurden wir von der Dünung schnell daran erinnert, dass wir wieder auf dem Meer waren. Plötzlich bemerkten wir, dass sich kurz vor uns etwas im Wasser befand, das sich auf uns zu bewegte. Es war eine Robbe. Ich teilte die Sichtung auch dem Fux unter Deck mit. Aufgrund der Motorengeräusche wurde meine Botschaft aber missverstanden und ich kam mir vor wie beim Kinderspiel „stille Post". Unter Deck ertönte ein erschrockenes: „BOMBE?". Ich wiederholte für alle: „Robbe im Wasser." Es wurde jedoch wieder falsch verstanden. „BOMBE?" Als Fux etwas irritiert auf Deck taumelte war die besagte Bombe schon wieder abgetaucht. Gleich nach diesem freundlichen Besuch setzten wir die Segel zu unserem nächsten Ziel. Eigentlich wollten wir die Insel Gotland ansteuern, der Wind schien uns jedoch eine andere Richtung zu diktieren. Wir bewegten uns also Richtung Festland weiter. Ohne Probleme konnten wir die ersten Stunden bis in den späten Nachmittag unter Segeln bestreiten. Mit Einbruch der Dunkelheit beschlossen wir einen Hafen vor Västervik anzulaufen. Ein Geschenk sollte diese Einfahrt nicht werden. Auch Wind und Welle unterstützten uns nicht wirklich, denn beides nahm deutlich an Intensität zu. Die Einfahrt war zudem gesäumt von Felsen und Untiefen. Der ständige Blick auf den Plotter und eine konzentrierte Crew war hier unabdingbar. Eine gefühlte Unendlichkeit kämpften wir uns langsam voran.

Nachdem wir das Kapitel Horroreinfahrt hinter uns gelassen hatten, erreichten wir einen kleinen Fischerhafen. Der Bereich vor der Mole war aufgrund der vielen Unterwasserhindernisse ein Nervenkitzel. Lediglich das Anlegen war recht einfach, da es keine Strömungen gab und der Hafen windtechnisch gut geschützt lag. Nach dem erfolgreichen Anlegen benötigten wir dringend Landstrom für die Batterien und den Kühlschrank. Die Information, dass der Hafenmeister in seinem zehn Fußminuten entfernten Privathaus erreichbar sei, erhielten wir von einem netten Nachtangler. Wir suchten den Hafenmeister dort auf und bekamen unseren Strom schlussendlich. Eine weitere Besonderheit neben dem freundlichen Hafenmeister war, dass in diesem Hafen keine Liegegebühren anfielen. Lediglich der Strom musste vergütet werden. Die anschließende Verpflegung der Crew wurde mit Hilfe des Grills und etwas Wasserbier vorgenommen und war anders als die Hafenansteuerung  ein voller Erfolg.

## KAPITEL 39    VÄSTARVIK - BÖDA HAMN 62SM

Nach einer erholsamen Nacht konnte die Crew entspannt die Leinen lösen und den nicht ganz untückischen Hafen verlassen. Erst bei Tageslicht konnten wir die gefährlichen Felsen unter und oberhalb der Wasseroberfläche gut erkennen. Zudem bemerkte man die deutlich wechselnden Strömungen. Nachdem wir genügend Abstand zu den Felsen hatten, wurde die Genua und das Großsegel sowie unser Besan gehisst. Der Wellengang war gemessen am Wind recht heftig. Mit 6 Knoten konnten wir ungeachtet dessen, fast ohne Kreuzen, unser nächstes Ziel Böda

Hamn ansteuern. Gegen 16:00 Uhr bekamen wir per Funk plötzlich eine Navigationswarnung. In der Meldung wurde vor einer U-Boot-Übung gewarnt. Nachdem die Koordinaten der Nachricht notiert und die Crew informiert wurde, bemerkten wir auch in unserer direkten Umgebung Militärschnellboote. Diese hatten aber kein Interesse an uns. Jedoch beeindruckte es uns alle, wie schnell und fast lautlos diese Boote aus dem Nichts auftauchten. Es wurde diskutiert, ob uns ein U-Boot überhaupt orten konnte, ohne Schrauben- und Motorgeräusche.

Fast schon gwöhnlich, Militärschiffe in der Ostsee.

Sollten wir wirklich von einem auftauchendem U-Boot versenkt werden? Was auf jeden Fall eine Bild-Schlagzeile wert wäre. Mit einsetzendem Hunger in den Abendstunden erreichten wir unseren Zielhafen Böda Hamn. Aufgrund der stark wechselnden Tiefenangaben von 1,00 bis 2,50 Meter wählten wir einen sicheren Anlegeplatz am Hafeneingang. Die Bezahlung der Liegeplatzgebühr erfolgte an einem Automaten, hier erhielten wir zugleich die Codenummer für die Sanitäranlagen.

Zügig erledigten wir notwendige Einkäufe im Dorfsupermarkt und gingen anschließend im Hafenrestaurant essen. Hier bemerkten wir einen Tisch mit ungefähr 30 amerikanischen Soldaten. Diese hielten hier, wie wir später erfuhren, eine große Militärübung mit den Schweden ab. Wir waren gespannt, was die nächsten Tage noch so bringen würden und ließen den Abend mit einem leckeren Rum und ein, zwei Saunagängen bei 90 Grad ausklingen.

## KAPITEL 40    BÖDA HAMN – GRASKÖ 67SM

Unsere heutige Strecke sollte sehr überraschend enden. Jedoch konnten wir morgens noch nicht erahnen, was uns am Abend bevorstehen sollte. Wir segelten gut gelaunt Richtung Westen, der heutige Wind sollte uns keine neuen Geschwindigkeitsrekorde bescheren. Nachdem wir 12 Stunden auf dem Meer vebracht hatten, davon den größten Teil unter Segel und wir alle etwas müde waren, beschlossen wir den Hafen in Graskö anzulaufen. Nach Prüfung der dortigen Gegebenheiten, unter anderem einer Wassertiefe im Hafen von nur 2 Metern, beschlossen wir diesen anzulaufen. Der für die Wassertiefe günstige auflandige Wind bekräftigte uns in dieser Entscheidung. Unter Moter steuerten wir die erste Betonnung an. Plötzlich ertönte die uns bekannte akustische Warnung für eine Motorüberhitzung, ein lauter hoher Pfeifton. Schnell wurde der Motor ausgeschaltet und die Segel gesetzt um zurück Richtung Meer zu steuern. Unter Segeln reparierten wir die Kühlung und steuerten erneut den Hafen an. Da inzwischen die Dunkelheit die Oberhand gewonnen hatte, mussten wir uns auf den Plotter und die Taschenlampen verlassen. Wir bemerkten zu spät, dass die Betonnung geändert worden war und nicht mehr mit unseren Plotterdaten übereinstimmte. Wir waren somit auf dem falschen Kurs. In dem Moment, in dem wir es bemerkten, stießen wir mit einem lauten Knall auf einen Felsen. Aufgrund des Aufschlags, verabschiedete sich das Getriebe. Ohne Antrieb trieben wir Richtung Land. Zum Glück stimmten hier die Tiefenangaben von 3 bis 5 Meter. Schnellstmöglich setzten wir den Anker und hofften, dass dieser so schnell wie möglich Halt finden würde. Trotz mittlerweile ordentlichem Wellengang und immer noch auflandigem Wind, hielt der Anker sofort. Die Crew war sichtlich erleichtert, dass dieses Manöver gelang. Obwohl die Wellen die Arbeit am Getriebe nicht gerade erleichterten, gelang es uns die Verbindung von Motor und Welle wieder zu reparieren. Durch den Aufprall waren die Verbindungsschrauben herausgerissen worden, durch das Anpassen von Ersatzschrauben konnte aber sofort Abhilfe geleistet werden. Nach einem kleinen Mitternachtssnack gingen das Team schlafen, jedoch nicht ohne vorher alle Ankeralarme einzustellen. Die Situation war für alle so aufwühlend, dass eigentlich niemand so richtig schlafen konnte.

## KAPITEL 41  GRASKÖ – SANDHAMN 43SM

Unausgeschlafen starteten wir in den nächsten Tag. Die Einfahrt war jetzt deutlich zu erkennen. Aufgrund der teilweise falschen Tiefenangaben und den nicht in den Karten eingezeichneten Felsen, beschlossen wir vor der Hafeneinfahrt die Tiefen mit dem Dingi zu überprüfen.

Die See hatte sich morgens beruhigt und so war eine Tiefenmessung ohne Probleme möglich. Wir stellten fest, dass die Tiefenangaben hier so genau waren wie die Abgaswerte bei VW. Teilweise stellten wir Differenzen vor und im Hafenbereich von einem Meter fest. Wir beschlossen deshalb einstimmig diesen Hafen zu meiden. Bevor wir den Anker lichten wollten, prüften Marco und ich den Kiel mit Hilfe von Taucherbrille und Taschenlampe auf Beschädigungen. Die gefühlte Wassertemperatur war Richtung Gefrierfach geklettert. Mittels Sichtkontrolle konnten wir zum Glück keine Schäden feststellen. Stahlboot sei dank, dachten wir alle. Mittlerweile wach und munter verließen wir diese morgendliche Badeveranstaltung und fuhren mit aller Vorsicht aus der Gefahrenzone. Als wir endlich sichere Tiefen auf dem Echolot hatten, fiel die Anspannung sichtlich von allen ab. Nun sollte es zum nächstgrößeren Hafen Sandhamn weitergehen. Sandhamn ist ein größerer Fischerhafen mit eigener Tankstelle, was für uns langsam auch zum Thema wurde. Mit mäßigem Wind segelten wir reibungslos in Richtung Sandhamn. Bereits tagsüber

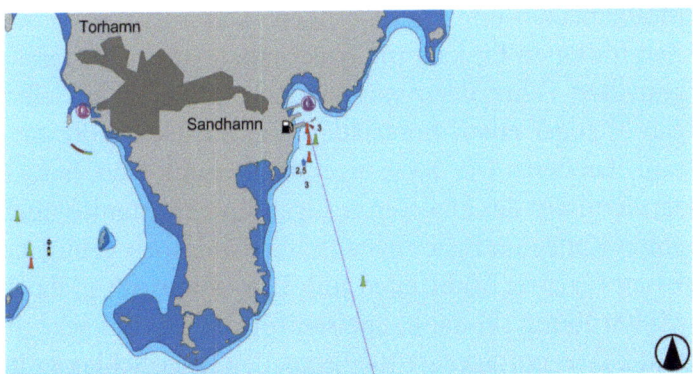

Der Hafen von Sandhamn verfügt über eine Tankstelle, einen Hafenshop, ein Restaurant und kostenlose Leihräder.

bemerkten wir, dass etwas viel Spiel im Steuerrad vorhanden war. Noch eine Sache, die auf die Reparaturliste kommen sollte. Nach rund 40 Seemeilen erreichten wir die gut betonnte Hafenzufahrt. Das Anlegen in diesem Hafen war kein Problem. Zum Glück hatten wir noch genügend Kost an Bord, um eine leckere Entschädigung für die gestrigen Strapazen zu erhalten. Wir hatten allerdings noch ein altbekanntes Problem. Marco und Ingo hatte angenommen, dass wir in zwei Tagen Sassnitz erreichen würden. Das Wetter wollte allerdings nicht so, wie wir wollten. Nachdem wir den Wetterbericht geprüft und die Strecke über Bornholm in Augenschein genommen hatten, beschloss die scheidende Crew, lieber mit Bus und Bahn auf dem Landweg nach Hamburg zu reisen. Mit Blick auf die Wetterdaten, die anstehenden Reparaturen und die Treibstoffproblematik war dies eindeutig die beste Entscheidung. Denn Zeitdruck, dass hatten wir bereits gelernt, ist kein guter Ratgeber. Am nächsten Tag verließen uns die zwei Seegefährten, Fux und ich erledigten alle anstehenden Aufgaben zu zweit. Neue Zugseile für das Steuerrad einziehen, Welle und Motor prüfen und Diesel tanken. Außerdem war noch Zeit für einen Einkauf mit den kostenlos vor Ort bereitgestellten Fahrrädern von Sandhamn. Im Hafen selbst gab es sogar einen Bootsladen und ein kleines Restaurant. Letzteres war zwar eigentlich geschlossen, jedoch servierte uns der anwesende Eigentümer kostenlos noch einen Kaffee und gab uns anschließend noch genügend Essen für zwei Mahlzeiten mit. Dieses war übrig, da er, Militärübung sei dank, Speisen für die Marine gekocht hatte. Der morgige fast 100 Seemeilen lange Schlag sollte zeigen, ob wir unsere Hausaufgaben gut gemacht hatten.

Einer der letzten Sonnenuntergänge unserer Segelreise in Sandhamn.

## KAPITEL 42  SANDHAMN – SVANEKE 88SM

Da der Wetterbericht Windstärke 7 bis 8 für uns ange-
mahnt hatte, beschlossen wir die Segel entsprechend
vorzubereiten und die Reise anzutreten. Auch im Hafen
war der Wind schon deutlich zu spüren. Bereits um 7:00
Uhr morgens verließen wir Sandhamn. Wind und Welle waren rau, aber stellenweise kamen sie aus der richtigen Richtung. Nachdem wir eine Stunde gesegelt waren,

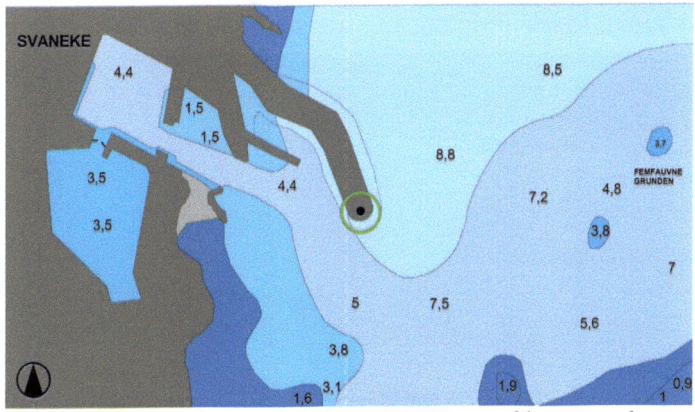

Der Hafen von Svaneke kann bei schwerem Wetter geschlossen werden.

beschlossen wir aufgrund der abgenommenen Windstärke auf nunmehr 6 Beaufort und weniger, das erste Reff zu lösen und auf die Genua 2 umzusteigen. Wie zu erwarten legte der Old Smuggler deutlich an Fahrt zu. Mit durchschnittlich 7,5 Knoten erreichten wir gegen 18:00 Uhr das dänische Svaneke auf Bornholm. Der Wellengang hatte in den frühen Abendstunden deutlich zugenommen, deshalb waren wir froh den Hafen rechtzeitig zu erreichen. Da wir jetzt zu zweit waren, musste ich nun wieder alleine die Segel einholen und merkte, wie viel Hilfe ein zusätzlicher Mann mehr an Deck war. Aufgrund der fehlenden Hilfe und des Wellengangs dauerte das Segel einholen etwas länger als die Tage zuvor. Auch die Hafeneinfahrt, welche bei starker See geschlossen werden kann, war eine weitere kleine Herausforderung aufgrund der nun schon einsetzenden Dunkelheit. Wir schafften es indessen ohne Probleme in den Hafen von Svaneke. Zum Glück war in dem kleinen Hafen noch ein freier Platz vorhanden. Neugierig wurden wir beim Anlegen von zwei Hafenkatzen gemustert und anschließend von diesen begrüßt. Wir beschlossen noch einen kleinen Inselrundgang zu unternehmen und nach einem

Sonnenuntergang kurz vor Svaneke.

Restaurant oder wenigsten nach einer Bar Ausschau zu halten. Leider gab es nur noch eine Bar, die geöffnet hatte. Obwohl mit acht Euro nicht gerade günstig, schmeckte uns zwar der Preis nicht aber das Inselbier umso mehr.

KAPITEL 43     SVANEKE - SWINEMÜNE 96SM

Auch heute hatten wir eine lange Tour von ungefähr 100 Seemeilen vor uns. Noch in der Dunkelheit um 6:00 Uhr verließen wir Bornholm mit dem Ziel, Swinemünde noch bei Tageslicht zu erreichen. Die Wetterdaten verhießen eine optimale Windrichtung und Stärke von guten 15 Knoten. Sobald wir die Landabdeckung von Bornholm verlassen hatten, konnten wir mit 8 bis 9 Knoten angenehm zügig Fahrt machen. Gegen 15:00 Uhr gab es windtechnisch eine zweistündige Verschnaufpause für unsere Segel. Mit nur 5 Knoten mussten wir uns bis

Old Smuggler in Fahrt.

17:00 Uhr zufrieden geben. Danach kehrte der Wind zurück und wir konnten mit guten 7 Knoten bis Swinemünde segeln. Um 19:00 Uhr erreichten wir den recht leeren Yachthafen. Rechtzeitig, um uns noch einmal kulinarisch in einem Restaurant verwöhnen zu lassen.

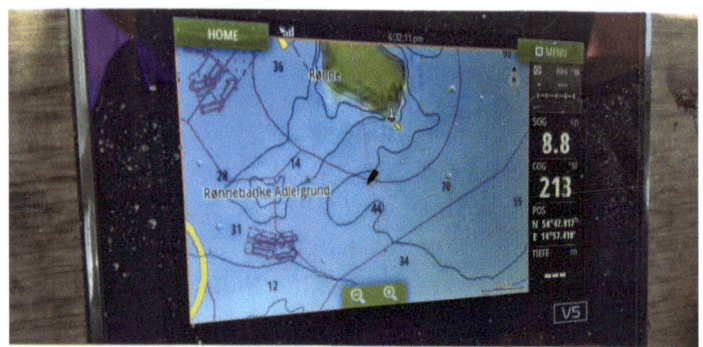
Die letzten Seemeilen auf dem Weg zum Hafen nach Swinemünde.

## KAPITEL 44    SWINEMÜNE - STETTIN

Mit dem Bewusstsein, dass diese Fahrt unsere letzte unter Segeln in diesem Jahr sein würde, brachen wir erst am Mittag nach Stettin auf. Im Stettiner Haff segelten wir ein letztes Mal, bevor die nächsten Tage der Diesel die akustische Dominanz übernehmen sollte. Erst nachts erreichten wir den Yachthafen nahe der Altstadt. Es war eine komische Stimmung. Natürlich waren die vielen schönen Momente noch präsent, doch war unser kleines Abenteuer Ostseerundreise schon wieder vorbei. Die vielen Eindrücke und Erfahrungen, die tolle Zeit mit Freunden auf dem Boot, wunderschöne Landschaften, interessante Städte und das ein oder andere Abenteuer sollten in Zukunft noch viele Zuhörer finden.

## KAPITEL 45   STETTIN - BERLIN

Am kommenden Tag konnten wir zügig unsere Masten legen und gleich im Anschluss Richtung Berlin aufbrechen. Wir erreichten gegen 20:00 Uhr einen Yachthafen vor der Schleuse Niederfinow. Da mir die Anlegesituation und die Tiefen vor den Stegen bereits bekannt waren, informierte ich Fux darüber, dass wir gleich auf Grund laufen würden. Dies passierte auch, jedoch ohne ernste Folgen, da nur Sand unseren Kiel grüßte. Der überaus nette Hafenmeister begrüßte uns und wir ließen nach dem Einchecken den Abend gemütlich im dortigen Restaurant ausklingen. Am nächsten Tag passierten wir Niederfinow und ein uns mittlerweile gut bekanntes lautes Warngeräusch informierte uns einmal mehr über die mangelnde Kühlung unseres Antriebs unter Deck. In Eberswalde musste deshalb ein Zwischenstopp von einem Tag eingelegt werden, um das Zweikreiskühlsystem umzubauen, da wir keine andere Störung finden bzw. die ausreichende Kühlung nicht anders herstellen konnten.

Mit der vorrübergehenden Lösung der direkten Motor-
kühlung durch das Kanalwasser konnten wir die gesamte Reise bis Köpenick leicht verspätet, jedoch gemeinsam
mit dem Old Smuggler, bestreiten.

## KAPITEL 46    ÜBERSICHT GESEGELTE ROUTE

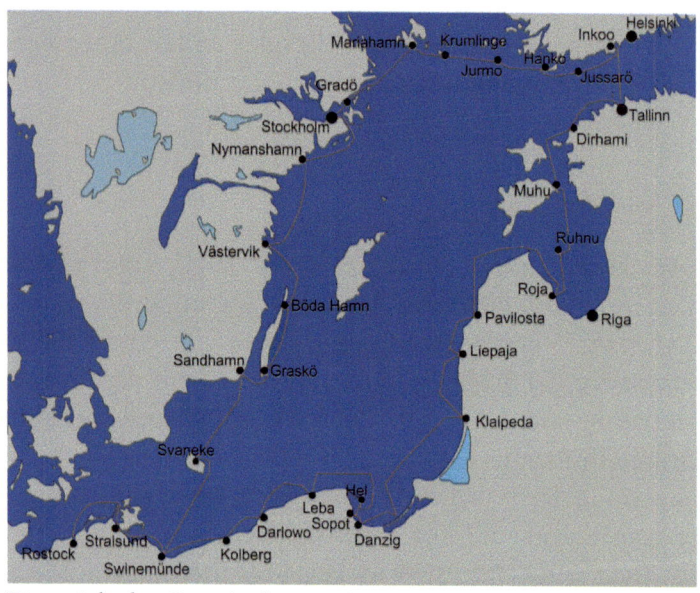

Die zurückgelgte Route im Sommer 2017.

Im Großen und Ganzen konnte die Route und auch die
vorgenommene Etappendauer fast wie geplant eingehalten werden. Lediglich der vorletzte Hafen in Sassnitz
wurde aus Zeitgründen ausgelassen sowie die direkte An-
fahrt nach Riga und Helsinki durch das Wetter verhin-
dert. Insgesamt waren wir in den zwei Monaten 38 Tage
unter Segel auf der Ostsee unterwegs. Dies entspricht einer durchschnittlichen Tagesleistung von 58 Seemeilen.

## KAPITEL 47    WAS WIR NICHT VERGESSEN WERDEN

Einige Erinnerungen werden wir wohl nie vergessen. Dazu gehörten der Militärhubschrauber im polnischen Gewässer, der Segler, der uns in Tallinn mit den Worten „good luck" am Hafen verabschiedete als wir ihm mitteilten, dass wir bei Windstärke 8 nach Helsinki wollten, die Einsamkeit der Insel Jurmo, der Aufguss in der Sauna von Hanko, das Essen in Muhu und natürlich auch der Ankunftsrum in Hel nach dem überstandenem Sturm.

## KAPITEL 48    REISEKOSTEN (STAND SOMMER 2017):

Hafengebühren* (pro Nacht ohne Strom, Nebensaison):

| Polen: | 15 Euro (Stettin 18 Euro) |
|---|---|
| Estland: | 20 Euro |
| Litauen: | 20 Euro (Tallinn 45 Euro) |
| Finnland: | 25 Euro (Hanko 35 Euro) |
| Schweden: | 20 Euro (Stockholm 20 Euro) |

*Die Liegeplatzkosten sind Durchschnittswerte, in Klammern die teuersten Häfen bzw. die großen Städte.

Verbrauchter Treibstoff (Swinemünde bis Swinemünde):

Verbrauch pro Stunde bei Marschfahrt:     3,5l Diesel
130 Stunden unter Motor:                  453l Diesel
(Gesamtbedarf bei 648 Seemeilen Maschinenfahrt)

## KAPITEL 49 HAFENRANKING

Beste Stadthäfen:                          Beste Naturhäfen:

Platz 1:        Hanko            Jurmo
Platz 2:        Stockholm        Ruhnu
Platz 3:        Danzig           Jussarö

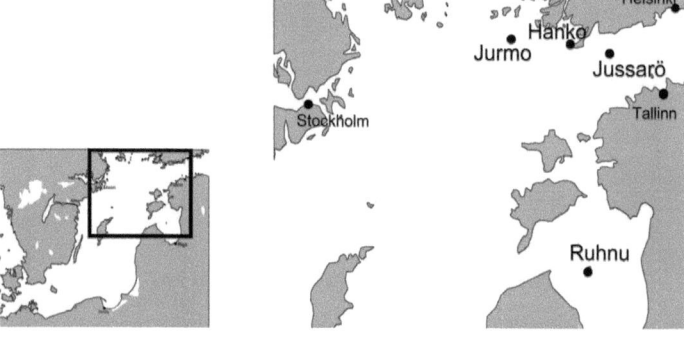

## KAPITEL 50 OLD SMUGGLER

| | |
|---|---|
| Erstwässerung: | 1970 |
| Schiffslänge ohne Anbauten: | 11,00m |
| Breite: | 3,00m |
| Tiefgang: | 1,85m |
| Verdrängung: | 10t |
| Dieseltagestank: | 70l |
| Dieselkieltank: | 110l |
| Wasser: | 160l |
| Motor OM636, 1,7l, 4 Zylinder: | 38 PS |
| Segelfläche*: | 70m² |

*Groß 31m², Besan, Standardfock I und II, Sturmfock, Genua I-III, Spinnaker 65m²

# Danksagung

Mirjam Krane (Buchgestaltung)
Petra Grünberg (Segelschule Berlin)
Christian Strand (Strandpiraten)
Jens, Norbert und Ralf (BTB)
Berliner Tourenseglerverein BTB

Besonderen Dank an alle Mitsegler!


1. Auflage Februar 2019/Berlin/BoD


Einbandgestaltung:      Harald Zerrmann

Fotos:          Mirjam Krane:      Seiten 14, 31, 44 oben, 45
                                    71, 75, 76, 81 oben, 82, 91
                                    93 unten
                                    Cover und Buchrückseite
                Adrian Susoi:       Seiten 58, 61, 62, 63, 64, 68
                Harald Zerrmann:    Seiten 12, 16, 18, 19, 22, 23
                                    26, 39, 40, 42, 44 unten
                                    48, 49, 55, 57, 60, 73, 79
                                    81 unten, 85, 90, 92, 93 oben

Zeichnungen/Karten:     Harald Zerrmann

Weitere Informationen und Bilder
unter:          www.90-Grad.info

# INDEX